Ce François Hollande
qui peut encore gagner le 6 mai 2012
ne le mérite pas

Du même auteur*

Certaines œuvres sont connues sous différents titres.

Romans

La Faute à Souchon : (Le roman du show-biz et de la sagesse)
Quand les familles sans toit sont entrées dans les maisons fermées
Liberté j'ignorais tant de Toi (Libertés d'avant l'an 2000)
Viré, viré, viré, même viré du Rmi !
Ils ne sont pas intervenus (Peut-être un roman autobiographique)

Théâtre

Neuf femmes et la star
Les secrets de maître Pierre, notaire de campagne
Ça magouille aux assurances
Chanteur, écrivain : même cirque
Deux sœurs et un contrôle fiscal
Amour, sud et chansons
Pourquoi est-il venu :
Aventures d'écrivains régionaux
Avant les élections présidentielles
Scènes de campagne, scènes du Quercy
Blaise Pascal serait webmaster
Trois femmes et un Amour
J'avais 25 ans
« Révélations » sur « les apparitions d'Astaffort » Jacques Brel / Francis Cabrel

Théâtre pour troupes d'enfants

La fille aux 200 doudous
Les filles en profitent
Révélations sur la disparition du père Noël
Le lion l'autruche et le renard,
Mertilou prépare l'été
Nous n'irons plus au restaurant

* extrait du catalogue, voir pages 108 - 115

4

Stéphane Ternoise

Ce François Hollande qui peut
encore gagner le 6 mai 2012 ne le
mérite pas

Un Parti Socialiste non réformé au pays
du quinquennat déplorable de Nicolas
Sarkozy

Sortie numérique : 4 avril 2012

ISBN 2-36541-435-4
EAN 9782365414357

Jean-Luc PETIT Editeur / livrepapier.com
Collection Politique

5

Stéphane Ternoise
versant
politique :

http://www.commentaire.info

Stéphane Ternoise

Ce François Hollande qui peut encore gagner le 6 mai 2012 ne le mérite pas

Un Parti Socialiste non réformé au pays du quinquennat déplorable de Nicolas Sarkozy

18 jours avant le premier tour, il est temps de publier !
Vos réactions sur http://www.gauche.info

Ce François Hollande qui peut encore gagner le 6 mai 2012 ne le mérite pas

Si François Hollande gagne, l'espoir de réformer le Parti Socialiste s'effondre pour au moins 20 ans ! Des bébés éléphants sont formés pour entrer dans la carrière avec le même état d'esprit.

Certes, déjà, même dans l'hypothèse d'une défaite, les notables installés semblent écarter toute transformation !... Et les élus locaux se satisferont d'ainsi pouvoir continuer à cumuler les mandats ! Oubliées les lucides déclarations d'après la défaite de Ségolène Royal en 2007 : *"si le PS perd les prochaines présidentielles, il disparaît."* Néanmoins Jean-Luc Mélenchon peut espérer le siphonner et nul n'a vraiment réfléchi à la révolte des militants tellement le parti s'est habitué à leur docilité.

Je ne voterai pas Nicolas Sarkozy le 6 mai mais j'aurai des difficultés à accorder une quelconque confiance à François Hollande, surtout en vivant dans le Lot, département couvert par *la Dépêche du Midi*, où l'invalidé Gérard Miquel, sénateur PS, continue à présider le Conseil Général, en région Midi-Pyrénées présidée par Martin Malvy dont je subis de plein fouet la politique discriminatoire du Centre Régional des Lettres. Oui, quand le candidat cause « culture », croire au changement juste m'est difficile.

En 2007, je m'étais abstenu après avoir déposé un bulletin François Bayrou au premier tour. Referai-je de même ? Improbable ! Pourtant, comme en 2007, je me surprends (de plus en plus rarement !) à souhaiter l'accession au second tour du béarnais, même si son engagement religieux, son flou et sa majorité de gouvernement introuvable, me déplaisent...

Faut-il cesser d'espérer un jour une gauche correcte et

9

malgré tout offrir l'Elysée au corrézien, ainsi durant cinq années subir Laurent Fabius, Martine Aubry et peut-être même Jack Lang et Jean-Michel Baylet (Sénateur, Président du PRG, Président-directeur général du groupe *La Dépêche*) ?

La gauche la plus bête du monde peut gagner en 2012 ! Jamais un candidat socialiste n'a suscité aussi peu d'enthousiasme mais François Hollande peut récolter la mise après un quinquennat sarkozyste.

Pourquoi lui ? Arrêtez les grandes théories promotionnelles : car il fut le seul au Parti Socialiste à rapidement se positionner dans l'optique de l'effondrement de Dominique Strauss-Kahn, le seul à ne pas marcher en rang derrière le président du FMI alors auréolé du statut de futur président de la République française.

Mais sa lucidité sur le mari d'Anne Sinclair ne peut masquer la réalité : François l'apparatchik reste un apparatchik et s'entoure des éléphants qui l'ont trompé énormément.

Comment se résoudre à offrir cinq ans de notre pays aux notables du 21 avril 2002, incapables depuis une décennie de sortir le Parti Socialiste du tout et n'importe quoi, des clans ? L'alternance, le besoin d'alternance ! Des victoires n'ont parfois d'autres raisons que la volonté de sortir le candidat sortant...

C'est difficile, en France, d'être de gauche.

Comme l'ensemble de mes écrits sur le sujet furent royalement ignorés, je publie sans pression, en toute discrétion, cette nouvelle contribution. Peut-être pour l'Histoire. Une réflexion dont l'indépendance vous aidera lors du difficile choix du 6 mai 2012. Ou plus tard, dans l'analyse de la pensée non formatée.

À Gérard Miquel,

Toujours président du Conseil Général du Lot malgré l'invalidation de sa réélection dans le Canton de Cahors-sud.

Élu sénateur du Lot quand les maires le pensaient solidement installé à la tête du département.

À Martin Malvy,

Silencieux sur les inacceptables positions du Centre Régional des Lettres Midi-Pyrénées.

Ils m'ont donné la force de me lancer dans l'aventure d'un tel état des lieux avant vote.

Monsieur François Hollande peut les en remercier !

La déclaration de candidature de François Hollande le jeudi 31 mars 2011

Rabaisser la déclaration de candidature de François Hollande pour 2012 à un non événement. Tel sembla le mot d'ordre au P.S. L'ancien premier secrétaire du parti, reconduit dans son grand rôle de président du Conseil Général de Corrèze, souhaite réaliser son petit tour de piste ? Soit ! Il se met en valeur pour enfin obtenir un ministère !...

Elisabeth Guigou craignait que "*l'annonce interfère*" avec la présentation du projet socialiste prévue cinq jours plus tard. Mais surtout "*je pense, au moment où je vous parle, qu'au final la décision se fera entre Martine Aubry et Dominique Strauss-Kahn.*"
Claude Bartolone, avec les mêmes favoris en tête, répandait sur les plateaux sa merveilleuse idée : que les principaux candidats ne s'affrontent pas durant la primaire ! Ce qui revient à valider les sondages, présenter le favori ! "*J'avais parlé de primaire de confirmation, eh bien je la souhaite plus que jamais.*" Il reconnaissait le vide programmatique, même s'il n'accepterait naturellement pas un tel résumé : "*il n'y a pas d'écart entre les propositions des uns et des autres.*" Donc ? "*autant être tous derrière celui ou celle qui aura le plus de chances.*" Ne jetez pas la pierre à l'homme adultère, ils sont derrière !

Une annonce "*décalée et déphasée*" selon Sandrine Mazetier, députée de Paris, soutien de DSK. "*La priorité aujourd'hui, ce n'est pas la promotion personnelle mais répondre aux attentes des Français et à leurs doutes par rapport aux politiques. C'est ce que le PS fera en début de semaine prochaine en présentant son projet.*" La réponse du champion fut édifiante.

13

François Hollande, naturellement, ne prononça jamais (au moins publiquement) un mot sur les affaires qui pourraient briser le beau destin du grand DSK. Son éventuelle absence relevant de la conséquence d'un choix de continuer sa mission au FMI plutôt que de s'intéresser aux problèmes français.

Ainsi le pacte de retrait réciproque Dominique Strauss-Kahn / Martine Aubry ? *"C'est leur choix."* Il précisait : *"On peut être premier secrétaire et candidat, moi ça ne me choque nullement. On ne peut pas être directeur du FMI et candidat, chacun s'organise comme il l'entend. Si Dominique Strauss-Kahn pense qu'il doit être directeur du FMI le plus longtemps possible, peut-être candidat, peut-être pas candidat, c'est son problème, c'est son affaire."*

Certes, François Hollande ne fut jamais un homme seul contre tous. Il pouvait compter sur ses "fidèles historiques" : Stéphane Le Foll, présenté comme son bras droit (son directeur de cabinet au PS) mais aussi Bruno Le Roux, Michel Sapin, André Vallini.

D'autres noms circulent parfois, sans que l'on sache vraiment leur qualité : Kader Arif, Bernard Poignant, Faouzi Lamdaoui...

François Hollande *"candidat normal"* face à Sarkozy...

En mai 2011 DSK s'expose... s'explose même...
François Hollande récolte des soutiens

L'histoire de la chute de DSK est connue. Et "sans connaître l'issue", il fut rapidement écarté par le PS de la course à l'investiture... quand plus personne ne pouvait ignorer les ravages dans l'opinion des révélations. Par révélations, il s'agit moins de l'affaire américaine que la vie secrète d'un libertin très fortuné, tirant profit de son pouvoir politique...

Interrogé, fin mars 2012, sur l'antenne de *France Bleu Nord*, sur la mise en examen de Dominique Strauss-Kahn pour "proxénétisme en bande organisée" dans l'affaire dite du Carlton de Lille, François Hollande se contentait d'un *"c'est une affaire privée, pénible mais sur laquelle je n'ai pas de jugement politique à formuler."*

Il doit sa chance historique à ces dossiers mais ils représentent aussi un poids préjudiciable à l'ensemble des socialistes.

Aux Etats-Unis, à la même période, se déroulait, devant la Cour suprême du Bronx, la première audience civile dans l'affaire du Sofitel de New York.

L'ombre de DSK planera sur les urnes. Avec quelles conséquences ? Les soutiens de Sarkozy ne manqueront pas d'administrer à Fabius, Aubry, Guigou et les autres des piqures de rappel sur leur engagement initial et complaisant auprès de l'homme providentiel du FMI.

Alors, Jean-Marc Ayrault, patron des députés PS à l'Assemblée, annonçait son soutien au "candidat normal." Puis Jérôme Cahuzac, présenté comme un fidèle de Dominique Strauss-Kahn. Pierre Moscovici, qui se préparait au rôle de porte-parole, envisagea une candidature... Gérard Collomb, sénateur-maire de Lyon, "strauss-kahnien", utilisait une belle expression : il "se rangerait" derrière François. Et comme l'expliqua François Patriat, sénateur "strauss-kahnien", ce fut le chemin de "la plupart des sénateurs strauss-kahniens."

Même Jean-Pierre Jouyet, le secrétaire d'Etat aux Affaires européennes de Nicolas Sarkozy, est revenu... les médias ont évoqué leurs liens de camarade de promotion à l'ENA.

Certes, après "la défaillance" du champion attendu, Martine Aubry représenta aussi une possibilité. Et lors de la primaire, François Hollande ne fut guère épargné. Quatre candidats lui ont contesté le titre de représentant à la présidentielle : la première secrétaire, Arnaud Montebourg, Ségolène Royal et Manuel Valls. Jean-Michel Baylet, en échange du pouvoir de nuisance que représenterait un candidat PRG, eut droit à une scène nationale (il fut soutenu par Bernard Tapie, « *son ami* », « c'est *ma famille politique* », confia-t-il au Parisien ; pour la présidentielle il soutient donc... Nicolas Sarkozy...)

Le scrutin de désignation du candidat eut lieu le 9 octobre 2011, avec 2,7 millions d'électeurs, des "sympathisants", et la plus grande surprise fut la marginalisation confirmée de Ségolène Royal dont la structure "désir d'avenir" n'est pas parvenue à relancer l'enthousiasme : 6,95 %. Manuel Valls pourra méditer les effets de ses saillies contre les 35 heures et autres dogmes socialistes : 5,63%.

Arnaud Montebourg avec 17,19 % se sent soutenu, courtisé. Martine Aubry : 30,42 %. François Hollande : 39,17 %.

Second tour le 16 octobre : personne n'ose prendre le risque de soutenir la candidate donnée perdante par les sondages. Arnaud Montebourg, après une lettre questionnaire aux finalistes, s'abstient de véritable consigne de vote : il indique qu'« à titre exclusivement personnel », il votera pour François

Hollande... et qu'il aurait voté pour Martine Aubry si elle avait été en tête ! 1 607 268 voix pour François Hollande (56,57 %), 1 233 899 pour Martine Aubry.

Le PS aurait aimé convaincre le MRC de Jean-Pierre Chevènement et les écologistes de EELV de participer à cette primaire socialiste. Mais finalement, Jean-Pierre Chevènement a fini par se rallier et EELV a choisi Eva Joly, qui parviendra sûrement difficilement à atteindre le gouffre de Dominique Voynet en 2007 (1,57 %). Le Parti Communiste et le Parti de Gauche de Jean-Luc Mélenchon furent aussi invités mais ils ont préféré "s'unir" en un *Front de gauche*, dont le nom est peut-être bien trouvé...

Que retient-on de ces primaires ? Jean-Michel Baylet favorable à la légalisation du cannabis.

Martine Aubry dénonçant la « *gauche molle* », celle de François Hollande. Puis analysant son adversaire, après leur débat : « *J'ai trouvé qu'il y avait des points de flou. J'ai bien compris qu'il essayait de passer entre les gouttes quand je lui posais un certain nombre de questions. Ma grand-mère disait : quand c'est flou, c'est qu'il y a un loup.* » Un corrézien coupable d'avoir employé des « *termes de la droite pour la CMU, pour les 35 heures.* » « *Ça me gêne toujours quand un homme de gauche utilise les mots de la droite.* »

François Hollande s'exclamant « *Quel serait mon péché, ma faute ?*" puis « *il faut arrêter cette escalade, je crois que c'est un dérapage !* » quand on lui oppose les propos de Martine Aubry le présentant comme « *le candidat du système.* » Un entraînement à la méthode de défense générale du PS face aux "attaques" de l'UMP.

Martine Aubry soutient désormais la victoire de cette gauche molle avec des mots de droite. Elle a peut-être quelques jours imaginé préférable une défaite présidentielle suivie d'une victoire législative et son appel à Matignon. Mais ce scénario improbable a dû la convaincre de s'impliquer loyalement... en espérant en être récompensée...

Abandon de la rhétorique François Hollande "*candidat normal*" face à Sarkozy "bling bling"...

François Hollande sera le "*candidat normal*" face à Sarkozy...
Etait-ce vraiment pour le distinguer de "bling bling" Nicolas Sarkozy que fut utilisé ce slogan de "candidat normal" ?

"Bizarrement", cette rhétorique du "*candidat normal*" est sortie de scène. Pouvait-elle, finalement, viser DSK ? Car c'est bien pour la confrontation à la primaire socialiste que fut inventé cet emballage. Nous savons désormais que dans les rangs socialistes, le comportement de DSK n'était pas toujours considéré comme normal. Aurélie Filippetti "*je me suis arrangée pour ne pas me retrouver seule avec lui dans un endroit fermé*"...

Qui plus est, l'échec de la désacralisation de la fonction du Président de la République entreprise par Nicolas Sarkozy ayant échoué... les électeurs pourraient avoir intériorisé que cette fonction nécessite bien plus qu'un candidat « normal. » La métamorphose en l'homme habité par l'importance de la fonction majeure de notre démocratie n'est pas suffisamment commentée. Trop normal, trop blagueur, trop dans le consensus clanique, pour être président ?

Le "*candidat normal*" n'est pas parvenu à vraiment imposer l'image de l'homme responsable à "*la force tranquille.*" De la même manière, "*le changement c'est maintenant*" sent vraiment le réchauffé sans goût du "*changer la vie.*"

Le problème de François Hollande ? Son abandon de l'humour et de la bonne humeur pour l'austérité compétente a un côté "légèrement" ridicule, il s'est figé, chloroformé dans l'habit trop étroit qu'il s'est imposé.

Trop préfabriqué... il nous rappelle aussi qu'un certain DSK avançait "masqué."

François Hollande semble ne pas avoir cru en son slogan du "*candidat normal.*" Dommage ! La campagne aurait pu être drôle !

Manuel Valls remarquait en juin 2011 « *quelqu'un qui me dit qu'il est normal, je commence à me méfier !* »

Quel modèle pour 2012 ? 1981 ? 1995 ?

Quels enseignements réels nous apportent les cinq dernières présidentielles ?

1981 et ses dix candidats... serait presque parfait comme comparaison, avec Jean-Luc Mélenchon dans la tunique de Georges Marchais, s'il n'y "manquait" le Front National...

Au premier tour, le 26 avril 1981 :
Valéry Giscard d'Estaing, UDF 28,32 %
François Mitterrand, PS 25,85 %
Jacques Chirac, RPR 18,00 %
Georges Marchais, Parti communiste 15,35 %

Brice Lalonde, Mouvement d'écologie politique 3,88 %
Arlette Laguiller, Lutte ouvrière 2,30 %
Michel Crépeau, Mouvement des radicaux de gauche 2,21 %
Michel Debré, Divers droite gaulliste 1,66 %
Marie-France Garaud, Divers droite gaulliste 1,33 %
Huguette Bouchardeau, Parti socialiste unifié 1,10 %

Au second tour, le 10 mai 1981, François Mitterrand 51,76 % Valéry Giscard d'Estaing 48,24 %.

Déjà, la nécessité de relativiser la dynamique de victoire que constitue une arrivée en tête au premier tour. Il s'agit plus sûrement d'une question de reports de voix, et l'on sait désormais que ce sont celles de Jacques Chirac qui ont le plus manqué à VGE.

1988 : 9 candidats en lice... et même si le Parti Communiste pense toucher le fond dans sa lajoinisation, il regroupe encore plus de deux millions d'électeurs.

Premier tour, le 24 avril 1988.

François Mitterrand, PS 34,11 %
Jacques Chirac RPR, 19,96 %
Raymond Barre Sans étiquette, soutenu par l'UDF, 16,54 %
Jean-Marie Le Pen Front national 14,38 %
André Lajoinie Parti communiste 6,76 %
Antoine Waechter Les Verts 3,78 %
Pierre Juquin Communiste rénovateur, 2,10 %
Arlette Laguiller Lutte ouvrière 1,99 %
Pierre Boussel Mouvement pour un parti des travailleurs 0,38 %

Au second tour, le 8 mai 1988, François Mitterrand l'emporte avec 54,02 % contre Jacques Chirac à 45,98 %. Après deux années à Matignon, Jacques Chirac aurait vraisemblablement aussi perdu contre Michel Rocard. Pour la répartition des forces, il est nécessaire de remarquer qu'avec Jacques Chirac, Raymond Barre et Jean-Marie Le Pen, la non gauche dépassait 50% au Premier tour.

1995 : l'erreur historique de Jacques Delors, attendu par une France convaincue par la qualité de son travail durant ses dix années à Bruxelles. Pourquoi Jacques Delors a finalement offert un boulevard à la droite, dont a profité Jacques Chirac ? Il s'est persuadé qu'il n'obtiendrait jamais de vraie majorité pour gouverner ? Que le désamour de la France pour le PS était tel qu'il devrait cohabiter avec le RPR ? Qu'il s'agirait aussi d'une forme de cohabitation s'il devait nommer un Premier Ministre socialiste, un éléphant de la rue de Solferino ? Qu'il bloquait la carrière de sa fille Martine Aubry s'il gagnait et même perdait ? Henri Emmanuelli, le premier secrétaire, candidat « naturel » auquel les sondages prédisaient la pire des déconvenues, a finalement laissé Lionel Jospin obtenir une défaite "honorable."

Seulement neuf candidats. Et, quasi inespéré pour le PS, Lionel Jospin arrive en tête le 23 avril 1995. Mais à moins de 24%.

Lionel Jospin PS, 23,30 %
Jacques Chirac RPR 20,84 %
Édouard Balladur, RPR soutenu par l'UDF 18,58 %
Jean-Marie Le Pen, Front national 15,00 %
Robert Hue Parti communiste 8,64 %
Arlette Laguiller Lutte ouvrière 5,30 %
Philippe de Villiers Mouvement pour la France 4,74 %
Dominique Voynet Les Verts 3,32 %
Jacques Cheminade Parti ouvrier européen 0,28 %

Imaginez, en utilisant les résultats de l'élection suivante, que Jean-Pierre Chevènement lui ait siphonné 5,33 % et Christiane Taubira, 2,32 %. Oui, si l'on retire 7,55% à Lionel Jospin, il recule derrière Édouard Balladur. Même 5% d'éparpillement des voix socialistes lui aurait été fatal. Mais ce calcul, personne ne le réalisa avant 2002. Qui plus est, un second tour Chirac-Balladur aurait été vécu comme une simple confirmation du désamour de la France avec une gauche usée par les affaires des deux mandats de François Mitterrand.

Le 7 mai 1995, oh événement inconcevable durant ma jeunesse, Jacques Chirac, avec 52,64% succède à François Mitterrand.

2002... Il ne faut naturellement pas occulter 2002. Même si comme en 2007 le PS hurle au "vote utile", n'ayant surement retenu que l'éparpillement des voix et préférant se répéter qu'il aurait suffi des 660 447 de Christiane Taubira à Lionel Jospin pour devancer Jean-Marie Le Pen qui compta seulement 194 600 bulletins de plus que le candidat socialiste aussi privé des 1 518 528 suffrages captés par Jean-Pierre Chevènement.

L'argument du "vote utile" en 2012 doit se lire en "ne donnez pas une telle force à Mélenchon qui me fera payer très cher son ralliement."

- Le risque d'un 21 avril bis est donc écarté selon toi ? m'a demandé la première confidente de mes analyses.

Oui ! Voir l'analyse *Aucun risque d'un 21 avril bis !*

Jacques Chirac, RPR 19,88 %
Jean-Marie Le Pen, Front national, 16,86 %
Lionel Jospin, Parti socialiste 16,18 %
François Bayrou, UDF, 6,84 %
Arlette Laguiller, Lutte ouvrière, 5,72 %
Jean-Pierre Chevènement, Mouvement des citoyens, 5,33 %
Noël Mamère, Les Verts, 5,25 %
Olivier Besancenot, Ligue communiste révolutionnaire, 4,25 %
Jean Saint-Josse, Chasse, pêche, nature et traditions 4,23 %
Alain Madelin, Démocratie libérale, 3,91 %
Robert Hue, 3,37 %
Bruno Mégret, Mouvement national républicain, 2,34 %
Christiane Taubira, Parti radical de gauche, 2,32 %
Corinne Lepage, Citoyenneté action participation pour le XXIe siècle, 1,88%
Christine Boutin, Forum des républicains sociaux, 1,19 %
Daniel Gluckstein, Parti des travailleurs, 0,47 %

Au second tour, le 5 mai 2002, Jacques Chirac obtenait un triomphe républicain avec 82,21 %. Jean-Marie Le Pen 17,79 %

2007 : Nicolas Sarkozy l'a emporté le dimanche 6 mai avec 53,06 %, face à Ségolène Royal.

22 avril : le premier tour.

Nicolas Sarkozy, UMP 31,18 %
Ségolène Royal, PS, 25,87 %
François Bayrou UDF 18,57 %
Jean-Marie Le Pen, FN 10,44 %
Olivier Besancenot, Ligue communiste révolutionnaire 4,08 %
Philippe de Villiers Mouvement pour la France 2,23 %
Marie-George Buffet Gauche populaire et antilibérale 1,93 %
Dominique Voynet Les Verts, 1,57 %
Arlette Laguiller, Lutte ouvrière, 1,33 %
José Bové, 1,32 %
Frédéric Nihous Chasse, pêche, nature et traditions, 1,15 %
Gérard Schivardi, Comité national pour la reconquête des services publics, 0,34 %.

Conclusions

Alors que la meilleure performance de Jacques Chirac au premier tour se situe à un modeste 20,84% (en 1995), Nicolas Sarkozy dépassait les 31%. Historiquement, le grand marasme de la gauche se situe bien en 1995, quand Jacques Delors aurait pu, avec un parcours hors parti, la sauver mais préféra la laisser sombrer. La France abandonna ainsi le pouvoir à un Jacques Chirac qu'elle n'a jamais aimé (même si, il bénéficie désormais d'une reconnaissance pour une carrière finalement exceptionnelle !) et la gauche s'est contenté d'attendre l'alternance démocratique, sans soigner la notabilisation qui l'a éloignée des réalités.

Comme Valéry Giscard d'Estaing en 1981, François

25

Mitterrand en 1988 et Jacques Chirac en 2002, Nicolas Sarkozy tente la réélection.

L'Histoire lui est défavorable : si François Mitterrand et Jacques Chirac furent réélus, c'est à la sortie d'une période de cohabitation, alors que Valéry Giscard d'Estaing, qui dirigeait vraiment le pays, fut battu. Qui plus est, le candidat de l'UMP propose "*la France forte*" comme slogan principal, dans la lignée du "*il faut une France forte*" de VGE.

Nicolas Sarkozy 2012 ressemble trop à VGE 1981 pour gagner ? Ou est-ce que Nicolas Sarkozy, persuadé que VGE aurait été réélu si Chirac n'avait pas joué contre son camp, mise sur l'esprit de revanche des électeurs de droite de 1981... ou de leurs enfants ?

Presque adoubé par Jacques Chirac dont l'humour corrézien peut signifier un vote réel (compensé par le bulletin Sarkozy de Bernadette), François Hollande avance vers l'Elysée avec un programme de consensus, conservateur, frileux, sûrement voué au jugement d'immobilisme en cas d'application.

La portée historique de sa défaite dépasserait celle de Ségolène Royal quand Nicolas Sarkozy avait réussi à se présenter comme une rupture après deux mandats de vide chiraquien.

Le niveau de popularité de Nicolas Sarkozy et la mise en perspective historique ont fait dire que même un âne avec une étiquette PS pourrait l'emporter. À quelques semaines du premier tour, l'analyse devient plus lucide : face à un candidat à la compétence certaine et doté d'un minimum de charisme, Nicolas Sarkozy aurait été balayé.

Le PS 2012, c'est quoi ?

En 2007, comme en 2002, comme en 1995, personne n'osait contester le diagnostic : le PS n'était plus qu'une coquille de notables locaux, et cette dérive le condamnait à l'échec éternel s'il ne se réformait pas. Ségolène Royal a bien essayé de bouger le cocotier mais sa personnalité présentait trop d'inconvénients pour qu'elle puisse espérer gagner l'Elysée.

Curieusement, c'est un "philosophe en chemise blanche" qui avait osé placer le débat sur la place publique : Bernard-Henri Lévy ne choquait personne, quand en octobre 2007, il publiait un livre sur le Parti socialiste, "*Ce grand cadavre à la renverse*" puis déclarait en juillet 2009 le Parti socialiste "*doit disparaître*" ("*Le PS va mourir ? Non. Il est mort. Personne, ou presque, n'ose le dire. Mais tout le monde, ou presque, le sait. (...) La seule chose sûre c'est que ce Parti qui fut celui de Blum et de Jaurès est en train de perdre ce qui lui restait d'âme - et doit disparaître*")

Manuel Valls voulait changer le nom du PS mais surtout attaquait « *la génération qui a failli*», « *il est temps qu'elle passe la main à des hommes et des femmes contemporains.* »

Mais là où BHL se trompait complètement c'est en le plaçant "comme Royal, comme Strauss-Kahn, comme d'autres, de ceux qui peuvent être à l'origine du big bang et reconstruire sur les ruines."

Belle phrase pour Martine Aubry : "*dans le rôle de gardien de la maison morte et elle n'y peut rien*".

Résumé : "*J'ai rarement vu des politiques mettre autant d'énergie à s'autodétruire. Si ça ne concernait qu'eux, ce ne serait pas trop grave. Mais il s'agit de l'alternative à Nicolas Sarkozy, de l'espérance des gens.*"

Henri Weber essayait de sauver les ténors : "*Il ne faut pas liquider le PS, mais le refonder : rénover ses idées, son projet, son programme, son organisation, ses pratiques. C'est à cela que s'est attelée courageusement Martine Aubry. C'est pour cela que nous la soutenons.*" Après la déroute aux élections européennes de 2009, Pierre Moscovici reconnaissait « *le PS ne résistera pas à une nouvelle défaite à la présidentielle*», Arnaud Montebourg, « *nous jouons notre survie.*» Aurélie Filippetti « *les partis politiques sont mortels. Si on ne réagit pas, le PS peut très bien disparaître.*» Mais aussi « *ce n'est même pas un avertissement, c'est un tsunami politique.*»

Arnaud Montebourg préciserait : « *Le parti est tombé dans le formol depuis sept ans. Dernière station service avant le désert.*»

Puis, miracle, Dominique Strauss-Kahn s'est imposé comme l'homme de la situation. Et tout le monde s'est mis en rang derrière lui (peu importe l'état du PS pourvu qu'on ait l'homme providentiel).

Sauf François Hollande dont le seul mérite aura donc été d'être suffisamment lucide pour comprendre que le patron du FMI menait une vie le condamnant à tomber avant l'étape élyséenne. Et ce fut suffisant pour qu'il ramasse la mise.

Gagner l'investiture socialiste, c'est gagner la présidentielle. On l'a cru. Pourtant, un doute s'élève.

François Hollande ferait-il mieux que Nicolas Sarkozy ?

Tout doucement, s'incruste l'idée que les présidentielles pour Nicolas Sarkozy, les législatives pour la gauche, serait peut-être préférable. Même Martine Aubry y penseraient, ajoutent des mauvaises langues... et pas seulement en se rasant... selon l'humour lotois.

Deux noms circulent pour Matignon en cas de victoire : Martine Aubry et Laurent Fabius, qui compenseraient le manque d'expérience du Président.

En 1994, l'homme providentiel (Jacques Delors) a refusé d'endosser l'habit. En 2011, l'habit de l'homme providentiel s'est enflammé. François Hollande s'est nettement mieux préparé que Lionel Jospin à prendre la relève mais le PS 2012 était-il plus alléchant que celui de 1995 ? Ça ne change pas un Parti socialiste, ça vieillit !

Le PS 2012 est dans le formol, découpé en baronnies. François Hollande s'agite à la tête du théâtre de marionnettes mais les vieux qui bougent encore, qui parviennent à réciter de vieilles belles phrases, il ne peut nous persuader qu'ils sont galvanisés par une soif de justice.

François Hollande, l'homme qui a dû manier l'humour pour supporter les critiques

La version d'un François Hollande à l'humour naturel ravageur restera peut-être dans l'histoire, si un jour pour obtenir des subventions du Centre Régional des Lettres Midi-Pyrénées, il convient d'avoir dressé une ode au Président.

Mais tellement de petites phrases circulent sur lui, qu'il est aisé de deviner qu'il n'a eu le choix qu'entre répliquer plus vite que son ombre ou sombrer. Le « fraise des bois » de Laurent Fabius est resté. Peut-être faut-il beaucoup d'humour, quand on est élu de Corrèze, pour supporter la vie commune avec Ségolène Royal dont le quotidien se déroule à plusieurs centaines de kilomètres.

Arnaud Montebourg, porte-parole de la candidate aux présidentielles en 2007, n'avait pas résisté à la tentation de balancer « *Ségolène Royal n'a qu'un seul défaut, c'est son compagnon.*» Il fut suspendu. Il en est revenu !

Ségolène Royal ne serait guère plus tendre avec lui... désormais.

Le 7 septembre 2011, paraissait ce qu'on appelle « une interview indirecte » dans Le Figaro : le journaliste rapportait des paroles attribuées à son ancienne compagne : « *le point faible de François Hollande, c'est l'inaction. Est-ce que les Français peuvent citer une seule chose qu'il aurait réalisée en trente ans de vie politique ? Une seule ?* » Propos qui ne furent pas démentis... juste l'excuse du off, de ces petites choses qu'on balance entre amis...

« *Arrêtez de dire qu'il travaille. François n'a jamais travaillé, il ne fout rien.* »
(Martine Aubry dans *Le Journal du dimanche* du 30 avril 2011)

« *Il n'a aucune épine dorsale, il manque de caractère* »
(Martine Aubry dans *Le Nouvel Observateur* du 30 juin
2011)

« *Il représente la gauche molle.* » Toujours de Martine
Aubry, son slogan d'octobre 2011.

« *Franchement, vous imaginez Hollande président de la
République ? On rêve !* »
(Laurent Fabius, propos publics médiatisés par Sud-Ouest
le 18 avril 2011)

Eva Joly avait aussi eu sa petite formule : « *Hollande,
candidat classique de la gauche classique.* » C'était en
janvier 2012.

François Hollande et Laurent Fabius : les apparatchiks acceptent la règle du jeu

On peut s'étonner de la présence aussi voyante de Laurent Fabius dans cette campagne. Mais il existe une règle du jeu chez les apparatchiks : on peut se mépriser, n'avoir aucune considération pour l'autre mais le jour où il a démontré sa supériorité, on se range opportunément et sagement derrière lui. Ainsi Alain Juppé sert loyalement Nicolas Sarkozy. *« C'est vrai que j'ai rêvé d'être président de la République. Mais je ne vais pas me faire hara-kiri. Cette fois, c'est passé et en 2017 j'aurai 72 ans, alors...»* Comme le maire de Bordeaux, l'ancien jeune Premier Ministre de François Mitterrand pourrait s'exprimer ainsi même s'il n'aura que 71 ans en 2017 !

Laurent Fabius fut même choisi par François Hollande pour le représenter dans l'unique confrontation télévisée avec « le candidat sortant » avant le premier tour, lors de l'émission « des paroles et des actes » sur France 2. Le Président en exercice ne s'est pas privé de rappeler les petites phrases méprisantes. *« Franchement, vous imaginez Hollande Président ? On rêve ! »* d'avril 2011 est ainsi revenu. Le lendemain, au micro de Jean-Jacques Bourdin, le challenger facilement renvoyé dans ses incohérences tentait de se justifier, par exemple avec *« A-t-on jamais caché un éléphant derrière une fraise des bois, c'était humoristique, c'était un mot gentil. A l'époque, j'étais réputé être un éléphant du Parti socialiste... Mais aujourd'hui, nous sommes unis derrière lui pour faire changer la France. »*

Que Laurent Fabius ait souhaité essayer de prendre le sillon du possible prochain président est compréhensible mais que le candidat l'ait accepté semble signifier qu'il y a vu plus d'avantages que d'inconvénients. D'abord au nom du « rassemblement. » Qui plus est, le Premier Secrétaire au temps du référendum sur la constitution européenne n'a pas oublié la capacité de nuisance du héraut socialiste du non. Mais nous nous situons au-delà du rassemblement : il s'agit simplement du triomphe d'un apparatchik qui mesure l'étendue de son pouvoir à la soumission de l'ensemble de ses adversaires. Quant au message réel dans l'opinion ? L'opportuniste Fabius réussit à rouler dans la farine Hollande ou François Hollande est vraiment l'homme du rassemblement ?

Comme Alain Juppé après un long désamour est devenu populaire, le vieux Laurent Fabius y parviendra ?

La stratégie Mélenchon ?

Tout le monde sait vraiment que ce Mélenchon est bien l'ancien membre du Parti socialiste ?
Mélenchon ? Le Danton du « de l'audace. » Il joue au maximum d'un charisme sûrement naturel et travaillé.
Sa stratégie : foncer, crier plus fort, récupérer la gauche déçue du socialisme et le plus possible de la contestation.
Quand on lance un mouvement « front de gauche », est-ce surprenant de chercher aussi à vouloir séduire des électeurs du « front national » ? Même s'il est de bon ton de l'occulter, il existe effectivement un électorat passé du Parti Communiste à la famille Le Pen. Il est possible qu'il revienne aux accents Georges Marchais... Mélenchon maintiendra ainsi Marine Le Pen sous la barre des 20%.

Veut-il devenir ministre de François Hollande ou récupérer les déçus du PS pour s'imposer en leader de la gauche en 2017 ?
Si François Hollande est élu, il acceptera sûrement un ministère et, peut-être, comme Jacques Chirac en 1976, démissionnera en prétendant ne pas avoir les moyens de la politique qu'il souhaite mener ; ainsi se placer pour 2017.
Si François Hollande est battu : il essayera d'achever la machine à perdre qu'est le PS.
Jean-Luc Mélenchon ne cache guère son hostilité à François Hollande qu'il a supporté comme Premier secrétaire : le « *c'est un capitaine de pédalo pendant la tempête* » de novembre 2011 a marqué et son analyse de février 2012 semble infuser dans son électorat : « *il y a de la part de François Hollande, une attitude hautaine à l'égard du reste de la gauche qui commence à être assez insupportable.* »

Jean-Luc Mélenchon et François Hollande, ce ne fut jamais le grand amour !

Dans une interview, en septembre 2009 (juste après le congrès de Reims, l'élection de Martine Aubry à la tête du PS avec 102 voix d'avance sur Ségolène Royal et les soupçons de fraudes), le candidat du Front de Gauche accusait celui qui était encore premier secrétaire de lui avoir proposé un « arrangement » sur les résultats d'un scrutin interne au PS, autrement dit : truquer le résultat d'une élection interne.

La rediffusion de cette vidéo (naturellement sur "un site classé à droite") a suscité des grincements !

Il s'agissait "sûrement" du congrès de Brest de 1997, où les deux hommes s'affrontaient à la tête d'une motion.

Jean-Luc Mélenchon aurait réagi en refusant de « *participer à son truc* », le laissant annoncer « *les scores que tu veux.* »

L'arrangement consistait "pour ne pas discréditer le parti" : « *Lui, 85%, moi, 15%, il avait plus que sa motion de congrès et j'avais plus que la mienne.* »

Il ajoute dans la vidéo : « *un accord avec Hollande ou rien, c'est pareil, il ne tient jamais parole.* »

Camarades ! Résultat : il aurait même officiellement "obtenu" « *un score inférieur* » à la réalité.

Au congrès de Brest l'Histoire retient : 91% pour François Hollande, 9% pour Jean-Luc Mélenchon.

Lequel continue : « *ça l'amusait de me voir humilié, fou de rage, ça le distrayait. Dans son cas, il s'agit d'un vice de cynique. Je lui ai dit que je ne lui pardonnerai jamais et vous voyez, je ne lui pardonne pas.* »

10 candidats et l'inévitable duel Nicolas Sarkozy - François Hollande du 6 mai 2012

Les deux grands partis politiques tiennent la présidentielle... quand des « petits candidats » n'érodent pas leurs bases d'une trentaine de pour cent.

Oui, l'élection présidentielle 2012 se résumera à un duel Sarkozy Hollande. Les petits candidats grignoteront très peu de voix et Marine Le Pen, François Bayrou comme Jean-Luc Mélenchon représentent une continuité des mouvances plus ou moins stables depuis 1981 (1988 pour le FN).

10 candidats, à diviser en deux groupes de cinq.

Le premier totalisera près de 95% des suffrages : Nicolas Sarkozy (UMP), François Hollande (PS), Marine Le Pen (FN), Jean-Luc Mélenchon (FG, Front de Gauche), François Bayrou (MoDem).

A 5, ils atteindront peut-être les 5% : Philippe Poutou (Nouveau Parti anticapitaliste), Nathalie Arthaud (Lutte ouvrière), Jacques Cheminade, Nicolas Dupont-Aignan (Debout la République) et Eva Joly (EELV).

La présence de la candidate EELV dans ce peloton de queue confirme une nouvelle fois l'incapacité d'Europe Écologie Les Verts à aborder une campagne présidentielle. Après les 16,28% des élections européennes de 2009, il ne s'agit plus pour Eva Joly que d'espérer dépasser les 1,32 % de René Dumont en 1974 !

Aucun risque d'un 21 avril bis !

Comme en 2007, UMP et PS s'affronteront. Jean-Michel Baylet ayant accepté de concourir dans la primaire socialiste et Jean-Pierre Chevènement ayant finalement jeté l'éponge, le PS peut légitiment se persuader qu'il dépassera les 25%, tout comme l'UMP, Nicolas Sarkozy ayant réussi à décourager Jean-Louis Borloo, Philippe de Villiers, Frédéric Nihous, Christine Boutin, Hervé Morin et Dominique de Villepin (il ne devrait qu'à son impopularité un score inférieur à 2007, qui restera de toute manière nettement supérieur à ceux de Jacques Chirac). Marine Le Pen aura des difficultés à atteindre 20% (le cumul Le Pen Mégret 2002 : 19.2%), Jean-Luc Mélenchon, contrairement à la lecture morale de la vie politique française, puisant autant chez elle qu'au PS (le vote contestataire n'a pas toujours de couleur).

Mathématiquement, Jean-Luc Mélenchon dépasse les 13%... sans pour autant amputer le capital PS-PRG-MDC de Français Hollande, en cumulant les voix gagnées en 2002 par Arlette Laguiller (5,72%), Olivier Besancenot (4,25%), Robert Hue (3,37%).

Jean-Luc Mélenchon à 15% ne représenterait nullement un séisme politique à gauche, juste le retour à une dichotomie PS-PC (1981 : Mitterrand 25%, Marchais 15%). Il est aussi le plus apte à capter la partie de l'électorat contestataire des écologistes aux dernières élections européennes.

37

François Hollande, c'est qui ?

Un énarque, diplômé de Sciences Po et de HEC.

Premier secrétaire du PS durant 10 ans, où il a plus ou moins correctement réussi un numéro d'équilibrisme dans la recherche du consensus entre des éléphants (et une gazelle), ponctué de victoires électorales lors des « scrutins intermédiaires » mais surtout des deux retentissantes défaites présidentielles de 2002 et 2007 et des "affaires" qu'il n'a pas su, voulu, trancher, les laissant pourrir, que ce soit « le système Guérini », Georges Frêche, la fédération du Pas-de-Calais...

La pire défaite électorale? Le 21 avril 2002. #bondyblog #FH2012
@fhollande sur twitter le 26 mars 2012

Placé à sa succession le 27 novembre 1997 par un Lionel Jospin venant d'être nommé à Matignon après avoir mené le PS à la victoire lors des législatives nées de la dissolution de Jacques Chirac, il quitta ce poste en 2008, le laissant finalement à Martine Aubry le 26 novembre, victorieuse de Ségolène Royal dans des conditions contestées au Congrès de Reims.

François Hollande, "Mr petites blagues" selon la formule de Laurent Fabius, semble alors politiquement fini au niveau national. Son passage rue Solferino se résume par "synthèse" et "consensus mou" d'un gestionnaire ayant plongé le parti dans le formol.

Mais comme François Mitterrand s'est fait limer les canines pour sortir de la caricature du vampire, François Hollande a perdu quelques kilos, est devenu un homme sérieux avec des idées.

Il a même conditionné sa candidature aux primaires du PS à sa reconduction à la présidence de la Corrèze, juste avant les élections cantonales où sa majorité ne semblait pas menacée. Le panache selon FH !

FH selon FH : "*On va dire que j'ai passé dix ans à la tête du PS, que je suis un vieil apparatchik, que je n'ai jamais été ministre. Mais on a préparé tous nos contre-arguments !*"

Et quels sont ces arguments ? Ne jamais avoir exercé de fonction ministérielle serait "*une chance.*" Mais oui ! "*Je suis un homme neuf*" prétend ainsi le candidat.

François Hollande est né le 12 août 1954 à Rouen. Sa famille est souvent notée « de la bonne bourgeoisie de province.»

Un père, Georges Hollande, médecin ORL, candidat non élu sur une liste d'extrême droite aux élections municipales de Rouen en 1959 et 1965... («*on choisit ses copains mais rarement sa famille*» chantait Renaud...), une mère assistante sociale.

En 1968, petit sourire de l'histoire, ses parents s'installent à Neuilly-sur-Seine.

Licence de droit à la Fac de droit de Paris, diplôme de l'Institut d'Études Politiques (IEP) et de l'École des Hautes Études Commerciales (HEC).

Service militaire puis l'ENA, l'École Nationale d'Administration où il rencontre Ségolène Royal (ils auront quatre enfants). Il sort septième de la promotion Voltaire (1978-80).

En 1980, il entre dans la carrière, Auditeur à la Cour des comptes.

Après avoir adhéré au Parti Socialiste en 1979, il préside le comité de soutien HEC Paris de François Mitterrand... élu Président de la République le 10 mai 1981. Lu :

« *soutenu par Jacques Attali et Jacques Delors, François Hollande est propulsé chargé de mission à l'Elysée pour les questions économiques.* »

Lors des élections législatives de juin 1981, François Hollande entre en politique : candidat socialiste contre Jacques Chirac dans la troisième circonscription de la Corrèze, Ussel. Jacques Delors, premier pressenti, avait refusé.

Ma plus belle défaite électorale? Les législatives de 1981 en Corrèze! #bondyblog #FH2012
@fhollande sur twitter le 26 mars

En 1983, il devient chef de cabinet de Max Gallo (secrétaire d'Etat et porte-parole du gouvernement de Pierre Mauroy), puis de Roland Dumas.

François Hollande profite de la réélection de François Mitterrand, en 1988, pour un rôle très bureaucratique : secrétaire de la Commission des Finances et du Plan et Rapporteur du Budget de la Défense. Mais surtout, il est élu député à Tulle (la première circonscription de Corrèze, il ne s'attaque plus aux terres chiraquiennes).

En 1993 il perd son mandat de député, le reprend en juin 1997...

En 2005, après avoir organisé un référendum interne au PS, il porte le « oui » au traité de Constitution européenne. Alors que Laurent Fabius s'obstine sur le « non », le 29 mai 2005 il figure parmi les grands perdants. Néanmoins, le 24 novembre, lors du Congrès du Mans, le candidat unique est logiquement réélu Premier Secrétaire avec près de 77% des voix. Mais le parti est de plus en plus divisé.

En juillet 2006, il fait approuver le programme officiel du PS pour l'élection présidentielle de 2007 mais renonce à concourir... sa compagne, Ségolène Royal, étant la favorite... des sondages.

Le 17 juin 2007, alors qu'il est réélu député avec 60% des voix, une dépêche AFP annonce la séparation du couple

Hollande / Royal. Valérie Trierweiler, journaliste politique à Paris-Match et à Direct8, est rapidement présentée dans la presse comme sa nouvelle amie, son ancienne maîtresse. Cacher une rupture sous prétexte que la femme est candidate à l'élection présidentielle, niveau transparence, on fait mieux ! Aucune leçon de morale à donner à Sarkozy !

En mars 2008, il se prépare une place tranquille : il gagne le Canton de Vigeois. Et devient Président du Conseil Général. Sa liste remporte également les élections municipales de Tulle mais il laisse le fauteuil de Maire à l'un de ses proches, Bernard Combes.

Quant aux Guignols de l'Info, c'est en Schtroumpf « Lou Ravi » qu'ils le représentent. Un type finalement sympa, comme Chirac en 1995...

En résumé :

Ses mandats parlementaires :
23 juin 1988 - 1er avril 1993 : député de la première circonscription de la Corrèze.
Depuis le 12 juin 1997 : député de la première circonscription de la Corrèze.
20 juillet 1999 - 17 décembre 1999 : député européen.

Ses mandats locaux :
14 mars 1983 - 16 mars 1989 : conseiller municipal d'Ussel.
17 mars 1989 - 24 juin 1995 : adjoint au maire de Tulle.
23 mars 1992 - 30 mars 1992 : conseiller régional du Limousin.
25 juin 1995 - 18 mars 2001 : conseiller municipal de Tulle.

16 mars 1998 - 2 avril 2001 : conseiller régional du Limousin.

19 mars 2001 - 17 mars 2008 : maire de Tulle.

Depuis le 10 mars 2008 : conseiller général de la Corrèze, canton de Vigeois.

Depuis le 20 mars 2008 : président du conseil général de la Corrèze.

Ses fonctions politiques :

1994 - 1995 : secrétaire national du Parti socialiste, chargé des questions économiques.

1995 - 1997 : porte-parole, secrétaire national du Parti socialiste, chargé de la presse.

1997 - 2008 : membre du bureau national et premier secrétaire du Parti socialiste.

Une affaire significative du PS 2012 : Delphine Batho

Delphine Batho, députée PS des Deux-Sèvres, une porte-parole de François Hollande, se défend : elle n'habite pas un logement social de la ville de Paris dans le XIXe ! « *Il y a un amalgame injustifié car je ne suis pas locataire d'un logement social, j'occupe un logement intermédiaire (PLI) qui ne relève pas de la loi SRU* ».
Et elle paye un surloyer. Elle refuse de quitter ses 108 m2 loués 1.524 euros par mois.
Ce qui serait 30% au-dessous des prix du marché.
L'affaire, les classifications administratives, peu importe, finalement. Delphine Batho avait reçu, en 2009, comme Jean-Pierre Chevènement et Fadela Amara (ex-ministre de la ville), une lettre de la RIVP (régie immobilière de la ville de Paris) la priant "*par déontologie et exemplarité*" de quitter son logement.
Le plus intéressant dans les chiffres communiqués sur cette affaire : la porte-parole a rappelé qu'elle touche une indemnité parlementaire de 5.275,18 euros net mensuels. A laquelle s'ajoutent 6412 euros de frais de représentation... L'ancienne présidente de la FIDL et vice-présidente de SOS Racisme doit effectivement avoir un rapport à l'argent assez différent de celui de la majorité des électrices et électeurs de gauche.
L'argent finit par tout corrompre ?

43

Le Nucléaire

Le candidat socialiste fermera la centrale alsacienne de Fessenheim (Alsace).
Quelle audace ! Quelle rupture ! Quelle prise en considération des dangers du nucléaire !
Et "naturellement" il soutiendra la montée en puissance des énergies renouvelables.

Je souhaite stimuler puissamment les énergies renouvelables. #Hollande2012 #DPDA
@fhollande sur twitter le 15 Mars 2012

J'ai fixé depuis déjà plusieurs mois l'objectif de réduire la part de production électricité d'origine nucléaire de 25% d'ici 2025. #DPDA
@fhollande sur twitter le 15 Mars 2012

Peut-on décemment accepter ce "réalisme énergétique" ?
La gauche peut se refonder sur une réelle sortie du nucléaire, donc un réel engagement dans la production d'électricité propre, de proximité et sans danger.
La défaite de François Hollande c'est aussi cet espoir.
Sa victoire aurait un amer arrière-goût de nucléaire.

Des tweets de François Hollande
https://twitter.com/#!/fhollande

Suivre les tweets (2 892 au 27 mars) de François Hollande (@fhollande) lasse rapidement.

Tellement de phrases creuses, de lapalissades...

210 826 abonnés (pour 1 683 abonnements) contre 139 553 abonnés (6 067 abonnements) à @NicolasSarkozy démarré nettement plus tard (mais déjà 1 547 tweets dont peu émanent du candidat qui indique les signer "NS")

M'étant astreint à une lecture assidue, quelques réponses (aussi rapides, moins de 140 caractères) qui seront balancées sur ce réseau après publication.

Ma mission est que notre grand pays retrouve confiance en lui-même. #Bondy #FH2012 (26 mars)

Je veux vous rendre fiers! (26 mars)

L'espoir, c'est maintenant! #Ajaccio (24 Mars)

Rien ne nous empêchera de réussir le changement. #Ajaccio (24 Mars)
  Pas même la réalité ?

Je veux que vous contribuiez à une belle victoire! (26 mars)

Je veux vous donner de l'espoir et vaincre les peurs! (26 mars)

Je veux vous convaincre que le changement, ça sera d'abord notre capacité à vous donner les moyens de réussir. (26 mars 2012)

Pourtant @martinmalvy est du même parti ! Et sa politique CRL est marquée par le rejet des écrivains indépendants #boursesCRL

Mon devoir est de gagner et d'emmener les quartiers

populaires, comme tous les territoires de France, vers le changement! #bondyblog #FH2012 (26 mars)
(sauf le Lot qui sera abandonné à la gestion de Monsieur Gérard Miquel ?)

Je sais combien les déceptions sont grandes, combien nos concitoyens peuvent se détourner du vote. #Ajaccio (24 Mars)
Ah ! Vous mesurez les déceptions des politiques de messieurs Malvy Miquel Maury...

L'élection présidentielle, c'est toujours la confrontation entre la peur et l'espoir #Ajaccio (24 Mars)
Nicolas Sarkozy jouerait sur les peurs. Mais selon Mélenchon c'est FH qui joue sur la peur d'un 21 avril bis et l'espoir c'est lui.

Je vous demande de diffuser ce message : la politique ce n'est pas celle qui a été conduite depuis 5 ans. #Ajaccio (24 Mars)
Désolé de vous décevoir monsieur Hollande mais la politique ce n'est pas forcément la politique de François Hollande !

Si je devais ressusciter un homme politique? Pierre Mendès France! #bondyblog #FH2012 (26 mars)
Pas certain que Pierre Mendès France soutiendrait François Hollande !

Ma devise? Demain est un autre jour! Rien ne s'arrête, la bataille n'est, pour un élu, jamais terminée. #bondyblog #FH2012 (26 mars)

Nous aurons besoin de tous les Français pour réussir le changement. #Ajaccio (24 Mars)
Johnny Hallyday et Liliane Bettencourt risquent de poser en congés maladies durant 5 années

Mon devoir est de poursuivre le chemin du progrès. #Ajaccio (24 Mars)
Et le progrès du chemin mène où ?

La France est forte de ses différences. C'est cette diversité qui fait la France! #Ajaccio (24 Mars)
Mais la diversité est confisquée dans l'édition. Voir la politique du CRL Midi-Pyrénées

Je suis ici pour délivrer un message de rassemblement. #Ajaccio (24 Mars)
DSK aurait peut-être pu dire la même chose mais est-ce qu'Aurélie F aurait approuvé ?

Ce qui va reprendre aujourd'hui c'est la confrontation, le débat. Mais ce qui vient de se passer nous oblige à être à la hauteur de l'enjeu. (22 Mars)
Etre à la hauteur de l'enjeu aurait déjà dû être une préoccupation quand le PS soutenait DSK

"Français" est le plus beau mot qu'on peut associer au mot "citoyen". #Aurillac (22 Mars)
Le mot Belge mérite aussi d'être respecté. Et d'autres !...

C'est une belle idée, le service civique. Il est dommage de l'avoir laissé réduit à peu de choses. #Aurillac (22 Mars)
J'ai tout fait pour éviter le service militaire et j'y suis parvenu

A droite, ils savent faire des leçons, mais ils ne les apprennent jamais! #Aurillac (22 Mars)
Facile. Donc moi aussi : à gauche ils savent donner des leçons mais gardent les subventions. #CrlMalvy

Nous devons regarder les choses en face : personne en France ne doit manquer de respect. #Aurillac (22 Mars)
Même aux écrivains indépendants ? Si oui, transmettre

votre tweet à monsieur Malvy, Conseil Régional, Toulouse

La laïcité, c'est notre Histoire mais c'est aussi notre avenir. Voilà pourquoi je la ferai inscrire dans notre constitution. #Aurillac
(22 Mars)
Mais quelle définition donner à la laïcité ? Les religieux et les athées ne sont pas toujours d'accord sur le sujet.

La campagne reprend ses droits mais rien ne devra être oublié. Cette tragédie marquera durablement les esprits. #Aurillac (22 Mars)
Les tragédies s'oublient : en lisant votre projet, on constate que vous avez déjà oublié les tragédies nucléaires

Je crois au génie de la France, c'est pour cela que je crois à sa culture. #FH2012 (18 Mars)
Avant les élections, il faut toujours croire au génie des électeurs.

N'oublions pas la mise en garde d'Edgar Morin : ne sacrifions pas l'essentiel à l'urgence. #FH2012 (18 Mars)
Et Stéphane Hessel, il n'a pas droit à un tweet ?

Il n'y a pas de plus belle cause pour la gauche que de défendre la liberté. #FH2012 (18 Mars)
Mon premier roman s'intitulait *Liberté j'ignorais tant de Toi*. Demandez à messieurs Malvy et Miquel, ils doivent l'avoir lu...

Je n'ai pas besoin de dénigrer pour être convainquant moi-même! #FH2012 (18 Mars)
Mais quand vous vous exprimez sur la culture vous n'êtes pas convainquant.

Je veux donner à la jeunesse de France un avenir meilleur qu'aujourd'hui. #TF1 #FH2012 (17 Mars)

Je dois faire gagner la gauche, je suis le candidat du changement. Voilà ma responsabilité. #TF1 #FH2012 (17 Mars)

Oui, sinon direct à la retraite en Corrèze !

Nous devons convaincre et nous devons vaincre les scepticismes. #Europe #FH2012 (17 Mars)

Ceux qui m'ont vu ce soir m'ont vu tel que je suis. #Hollande2012 #DPDA (15 Mars)

Mais comment vous ont-ils vu ? Comme vous croyez qu'ils vous ont vu ?

Viendront au gouvernement ceux qui acceptent mon projet. #Hollande2012 #DPDA (15 Mars)

La compétence est secondaire ?

La France est européenne. Je veux changer l'orientation de l'Union. #Hollande2012 #DPDA (15 Mars)

Nous devons rallumer les feux de la croissance, sinon nous serons pris dans le vertige de l'austérité. #Hollande2012 #DPDA (15 Mars)

Avec Johnny, allumez les feux de la croissance.

Nous bloquerons les prix de l'essence pendant 3 mois. #Hollande2012 #DPDA (15 Mars)

Vu le niveau atteint, il est possible que les prix baissent... sauf s'ils sont bloqués !

La transition énergétique, c'est faire progresser les énergies renouvelables. #Hollande2012 #DPDA (15 Mars)

Mon objectif est d'être le prochain président de la République. #Hollande2012 #DPDA (15 Mars)

Je travaille et je ne sors pas de ma ligne : la cohérence, la constance et la confiance. #Hollande2012 #DPDA (15 Mars)

FH travaille. Il faut le signaler à Martine Aubry auteur d'une petite phrase qui prétendait le contraire.

Les Français peuvent avoir confiance en eux et en ce que je leur propose. #Hollande2012 #DPDA (15 Mars)
Il faut toujours avoir confiance en soi. Mais avoir confiance en nos politiques ?...

Jusqu'au premier tour, je dois faire comprendre aux Français qu'ils vont faire le choix de leur destin. #Hollande2012 #DPDA (15 Mars)
Et même au second tour !

Depuis des années je me suis fait une promesse : donner un successeur de gauche à François Mitterrand. #Marseille #FH2012 (14 Mars)
Ah c'est ça ! Le couple Royal - Hollande a fait 4 enfants pour donner un successeur de gauche à François Mitterrand !

Nous avons devant nous le plus beau rendez-vous : celui que nous avons pris avec les Français. #Marseille #FH2012 (14 Mars)
C'est bien du même que parlait DSK ?

Un candidat-sortant ne peut pas avoir la force qu'aura un nouveau Président! #Marseille #FH2012 (14 Mars)
Il fallait exposer cette grande idée à François Mitterrand en 1988 !

Je préfère protéger la jeunesse de France que les plus riches de France! #Marseille #FH2012 (14 Mars)
Mais il y a une jeunesse de riches en France et une jeunesse de pauvres...

Nous sommes en 2012, je ne refais pas le passé, je prépare l'avenir. Mon devoir est de rassembler. Cc @chevenement http://pic.twitter.com/ylDSVxLd (14 Mars)

La droite se battra jusqu'à son dernier souffle. Elle considère que le pouvoir est sa propriété, son patrimoine. #Valence #FH2012 (13 Mars)

La gauche aussi, non ? Il existe même un président de Conseil Général invalidé toujours en fonction... #miquel

La France mérite mieux que ce qu'elle a depuis trop longtemps. #Valence #FH2012 (13 Mars)

C'est aussi ce que je me dis pour le Lot en observant son Conseil Général.

J'ai trois principes : dire la vérité, respecter mon devoir de cohérence, et donner de l'espoir à la France. #Valence #FH2012 (13 Mars)

Parfois on croit détenir la vérité et l'on se trompe. Le devoir de cohérence... Hum Hum Hum... Miquel Malvy...

Nous portons, et c'est ma responsabilité, la grande idée de l'alternance, du changement qui doit venir si vous en décidez. #Valence #FH2012 (13 Mars)

L'alternance, les changements de tête mais pour quelle politique ?

La campagne présidentielle ne doit pas être un campagne de rejet mais une campagne d'adhésion à un projet. #Café #QG #FH2012
(12 Mars)

Un projet ?

Je perçois un peu moins de 7 000 euros par mois. #Capital #FH2012 (11 Mars)

Ça doit être difficile. Heureusement qu'il y a aussi la prise en charge des frais quotidiens.

Tous ceux qui investiront dans l'entreprise auront des avantages fiscaux justifiés. #Capital #FH2012 (11 Mars)

Ce n'est pas déjà le cas ? Il y en aura encore d'autres ?

Je propose 150 000 emplois d'avenir pour faciliter l'insertion des jeunes dans l'emploi. #Emploi #Capital #FH2012 (11 Mars)

COMBIEN DE JEUNES qui ne sont plus DES JEUNES ont aimé LES EMPLOIS JEUNES du PS ?

Le principe de l'alternance est un principe qui vaut pour le jeune comme pour l'entreprise! #Emploi #Capital #FH2012 (11 Mars)

Le principe de l'alternance N'EST PAS CERTAIN EN POLITIQUE

Si les Français me donnent leur confiance, ce qui sera dit sera fait. Et ça, ça sera une rupture! #Capital #FH2012 (11 Mars)

Quelqu'un a déjà promis la RUPTURE... donc là c'est une rupture qui reviendra à l'immobilisme chiraquien ?

La candidat-sortant traite l'Union européenne comme un bouc-émissaire. #Capital #FH2012 (11 Mars)

Ce sera aussi le cas du candidat qui veut entrer...

Aujourd'hui, le chômage s'élève. C'est la raison pour laquelle je souhaite renégocier le traité européen. #Bondy #FH2012 (26 mars)

Donc le traité européen est la cause de notre chômage ! Un Tweet pour plaire à Laurent Fabius ?

Je souhaite que soit entreprise au plus tôt la rédaction d'un livre blanc sur notre défense nationale. #Defense #FH2012 (11 Mars)

Combien de livres blancs seront commandés si François Hollande est élu ?

La confiance est essentielle, en économie comme en politique. #Capital #FH2012 (11 Mars)

En littérature aussi, sinon on écrit jamais un nouveau livre...

Quelques lapalissades même pas des raffarinades :

Rien n'est acquis, rien n'est joué. #bondyblog #FH2012 (26 mars)

Jamais une élection présidentielle ne s'est passée dans un tel contexte. #bondyblog #FH2012 (26 mars)

La politique, c'est mettre les actes en conformité avec les paroles. #Ajaccio (24 Mars)

Le rassemblement est une constance et non une circonstance. #Aurillac (24 Mars)
Donc le Rassemblement comme au PS est notre avenir ? Aucun désir de cet avenir Solferino.

Nous avons besoin de former les enseignants pour qu'ils transmettent les valeurs de la République. #Aurillac (22 Mars)
Nous avons besoin de former les docteurs, les infirmières... et les footballeurs ?

Les sondages n'indiquent rien que des intentions. Ce que nous devons solliciter, ce sont des votes! #Marseille #FH2012 (14 Mars)

La victoire dépendra de la capacité qui sera la nôtre de convaincre nos concitoyens. #Marseille #FH2012 (14 Mars)

Un quinquennat n'est pas un stage d'apprentissage! #Valence #FH2012 (13 Mars)
Belle phrase quand on n'a même jamais été ministre...

C'est au premier tour que l'élection va se décider! #Café #QG #FH2012 (12 Mars)
Et même décider des candidats du second. Et c'est au SECOND tour qu'elle va se gagner !

Les premiers moments du quinquennat sont déterminants. #Café #QG #FH2012 (12 Mars)

Des promesses :

Nous augmenterons le nombre de logement sociaux grâce au doublement du plafond du Livret A. #Ajaccio (24 Mars)
Qui a un livret A plein ? Les parlementaires, certes.

Nous encadrerons les loyers là où il est nécessaire de le faire. #Ajaccio (24 Mars)
Un dossier pour Delphine Batho.

Le prochain Président ne doit pas être le Président de l'austérité mais celui du dynamisme au service de notre développement. #Ajaccio
(24 Mars)
Donc nous augmenterons encore et encore la dette ?

Nous préparerons, avec les élus locaux, le nouveau plan de développement de la Corse. #Ajaccio (24 Mars)
Et pour le Lot, vous n'avez aucun plan monsieur Hollande ? Vous avez confiance en votre ami Miquel ?

Je prends l'engagement de porter à 100 000 le nombre de jeunes par génération, qui seront en service civique. #Aurillac (22 Mars)
J'ai tout fait pour éviter le service militaire et j'y suis parvenu

Nous ratifierons la charte des langues régionales. #Ajaccio (24 Mars)
Vive le chti ! www.chti.es

Le temps de la justice est venu : justice fiscale, justice sociale, justice éducative et justice territoriale! #Ajaccio (24 Mars)

Et la justice au Centre Régional des Lettres de Toulouse, c'est impossible ? (tant que M. Martin Malvy préside la région)

Nous ouvrirons un nouveau chemin à la jeunesse de France! #Aurillac. (24 Mars)
Si seulement des élus ne mettaient pas des modalités absurdes dans les roues de la société. #CrlMalvy

Rien n'empêchera le changement qui vient! #Aurillac (24 Mars)
Pas même des bulletins de vote ? Mélenchon aurait pu balancer le même tweet.

J'ai accordé une attention toute particulière aux tweets sur la culture, la littérature :

Sur le livre numérique, M. Hollande semble totalement entre les mains du lobby des libraires et éditeurs installés.

Il n'y a pas de lecture s'il n'y a pas de librairie, nous devons protéger nos libraires. #Livre #FH2012 (18 Mars)
M. Hollande, vous êtes dans l'erreur : les libraires ont accepté un système du livre papier sans respect pour les écrivains. Qu'ils disparaissent ou changent.
Tout soutien aux libraires qui tentent de maintenir le système injuste en place est une faute politique et historique.

La culture, c'est l'ouverture aux autres. #FH2012 (18 Mars)
L'ouverture du robinet des subventions aux inféodés ?

Le 6 mai sera un grand jour pour la France, pour la République et pour la culture! #FH2012 (18 Mars)
La culture ? Mais un livre doit être en papier et édité par une maison Lagardère (12% de Qatar) ou clone ? Voir M. Malvy

La culture doit être au service de l'émancipation et de l'égalité. #FH2012 (18 Mars)

À part peut-être en région Midi-Pyrénées ? Pourtant avec monsieur Malvy, région Midi-Pyrénées, les écrivains indépendants sont exclus des aides #CRL. Culture des installés.

Je salue l'initiative Europeana : la mise en réseau des grandes bibliothèques européennes. #FH2012 (18 Mars)

Et les écrivains doivent être méprisés en région Midi-Pyrénées ?

Comment peut-on accepter que certains artistes n'aient pu venir en France car ils n'avaient pas les bons visas? #FH2012 (18 Mars)

Comment peut-on accepter que certains écrivains soient victimes d'ostracisme car ils ont choisi le statut d'auteur-éditeur ?

Comment peut-on accepter que l'argent public serve à promouvoir des écrivains du groupe Lagardère (12% au Qatar) au détriment des écrivains indépendants ?

La culture, c'est l'ouverture aux autres. #FH2012 (18 Mars)

Je suis certain que Martin Malvy OSERAIT retweeter ce message

Je proposerai d'ouvrir un débat sur les moyens de renforcer la presse d'information. #FH2012 (18 Mars)

Même dans les départements où LA DEPECHE DU MIDI de Monsieur votre allié Baylet est le seul quotidien ?

L'indépendance de la presse est vitale pour notre démocratie. #FH2012 (18 Mars)

Est-ce que le président d'un parti politique peut aussi être patron du quotidien d'une région ? Voir votre allié Jean-Michel Baylet et sa DEPECHE

Je favoriserai toutes les initiatives qui permettront de fédérer le secteur du livre. #FH2012 (18 Mars)

Fédérer le secteur du livre ? Genre soutenir les libraires pour essayer de stopper l'ebook ? Genre un seul edistributeur Lagardère ?

Le livre affronte à son tour les bouleversements technologiques. #FH2012 (18 Mars)

Et c'est une chance : combien de livres n'étaient jamais vus à cause d'une distribution contrôlée ? Vive l'ebook !

Nous devrons reconnaitre pleinement le droit d'auteur. #FH2012 (18 Mars)

Le droit d'un auteur c'est aussi celui d'être lu sans passer par des maisons d'édition comme celles d'un groupe détenu à 12% par le Qatar.

Je veux ouvrir l'acte 2 de l'exception culturelle. #FH2012 (18 Mars)

En région Midi-Pyrénées, l'acte 0. Le CRL de Martin Malvy est sourd et butté sur ses positions de soutien aux clans (inféodés aux éditeurs)

La culture c'est aussi une langue. C'est le premier des liens qui nous rassemblent. #FH2012 (18 Mars)

Est-ce que Martin Malvy et les membres du CRL utilisent la même langue que les écrivains indépendants ?

Nous ferons en sorte que cette culture du patrimoine, à travers des chantiers, puisse être valorisée. #FH2012 (18 Mars)

Encore des commissions et des proclamations de consensus ?

L'éducation artistique sera une priorité de l'Éducation nationale. Enseignants et artistes y participeront! #FH2012 (18 Mars)

Des écrivains qui ne peuvent pas vivre de leur plume à

57

cause d'un système inepte de confiscation des droits d'auteur joueront aux faux profs ?

Je demanderai au Parlement de voter une loi d'orientation sur le spectacle vivant. #FH2012 (18 Mars)
Où même dans les ambassades de France en Biélorussie, les droits d'auteur seront payés ?

J'ai proposé un grande idée dans cette campagne : le "contrat de générations". Il vaut aussi pour la culture! http://francoishollande.fr/dossiers/le-contrat-de-generation/ #FH2012 (18 Mars)
Si tu es jeune, tu es forcément un artiste ! De l'argent pour les rappeurs ? Si tu es de banlieue il te suffit de rapper et tu es un artiste !

Ensemble, nous aurons à soutenir l'émergence artistique. #FH2012 (18 Mars)
S'il s'agit d'appliquer à la France la politique de Martin Malvy en Midi-Pyrénées, je ne peux pas voter François Hollande.

Nous avons à promouvoir la culture française partout dans le monde. #FH2012 (18 Mars)
La culture des amis ?

Le budget du Ministère de la culture sera sanctuarisé, protégé. #FH2012 (18 Mars)
Le budget du Ministère de la culture est INUTILE quand il sert à un clan renfermé sur des idées reçues, quand il sert à payer des fonctionnaires.

Je rétablirai l'autorité du Ministère de la Culture qui a deux vocations : promouvoir la création, et démocratiser la culture. #FH2012
(18 Mars)

Ce n'est pas Sarkozy mais Malvy qui gère la région Midi-Pyrénées. Et pour quel résultat ? Promouvoir la création... À condition qu'elle s'insère dans certains cadres.

Le candidat-sortant ne défend pas son bilan. Nous pouvons défendre le nôtre, en particulier en matière de culture! #FH2012 (18 Mars)
Vous souhaitez vous appuyer sur le bilan des régions de gauche ? Le bilan de M. Malvy vous souhaitez le lire ?

La gauche n'a pas le monopole de la culture! Il faut avoir du respect pour celles et ceux qui ne pensent pas comme nous. #FH2012 (18 Mars)
Faire suivre à Monsieur Malvy de Toulouse. Mais son cas est plus grave : il croit qu'un écrivain doit travailler pour Lagardère ou clone !

La presse me demande mon ouvrage préféré. Je cite " Les misérables", et les œuvres de Camus. #Livre #FH2012 (18 Mars)
Monsieur Hollande ne m'a jamais lu. Je me souviens d'une de ses lectures : la politique pour les nuls.

Le livre, vecteur si important pour la culture, est aujourdhui menacé. #Livre #FH2012 (18 Mars)
N'importe quoi, M. le candidat. Le livre papier sera remplacé par l'ebook et c'est une chance. Vous êtes aveugle à l'ebook comme M. Malvy ?

Qu'est devenu le projet socialiste ?

Il semble être resté dans le bureau de Martine Aubry !
François Hollande porte un projet en 60 points. Très vague... certes plus précis que celui de Nicolas Sarkozy !
S'il était élu, nul doute qu'il serait, au moins partiellement, réalisé.
Mais naturellement, comme le « projet Hollande » a succédé au « projet socialiste », le Premier ministre définirait son propre projet... naturellement inspiré de ses prédécesseurs...

Le projet de François Hollande

http://francoishollande.fr/le-projet/

60 engagements présentés le 25 janvier 2012 à la Maison des Métallos à Paris... Que retenir ? Quatre grandes parties.
S'il ne s'agissait pas des promesses d'un candidat possible prochain président de la République, elles causeraient un simple sourire. Nicolas Sarkozy et François Bayrou pourraient sûrement s'approprier 95% de ces phrases vagues, creuses.

A. Je veux redresser la France

1 : Je créerai une Banque publique d'investissement...

La gestion des banques publiques a nécessité leur privatisation... Les salariés du public ne semblent guère meilleurs que ceux du privés dans ce domaine...

2 : Je ferai des PME une priorité... je doublerai le plafond du livret développement durable, en le portant de 6 000 à 12 000 euros.

3 : Je favoriserai la production et l'emploi en France en orientant les financements, les aides publiques et les allégements fiscaux vers les entreprises... Trois taux d'imposition différents sur les sociétés : 35% pour les grandes, 30% pour les petites et moyennes, 15% pour les très petites...

4 : Je soutiendrai le développement des nouvelles technologies et de l'économie numérique, levier essentiel d'une nouvelle croissance, et j'organiserai avec les collectivités locales et l'industrie la couverture intégrale de la France en très haut débit d'ici à dix ans.

Choisis ton camp camarade ! Alors que le même candidat balance des tweets de soutiens aux libraires et d'inquiétude sur la filière livres confrontée au numérique ! Ou alors, le livre doit rester en dehors de l'économie numérique ? Quant à la couverture en haut débit de la France, il s'agit sûrement d'un jeu sur les mots, comme en région Midi-Pyrénées où les campagnes sont irriguées en "haut débit", celui d'Alsatis, un opérateur wifi toulousain avec des débits dérisoires et une qualité de service discutable... mais un tarif élevé.

5 : Je préserverai le statut public des entreprises détenues majoritairement par l'État (EDF, SNCF, La Poste...).

6 : Je défendrai un budget européen ambitieux pour l'avenir de l'agriculture dans sa diversité, en particulier l'élevage, dans le cadre de la révision de la politique agricole commune. J'encouragerai la promotion de nouveaux modèles de production et de l'agriculture biologique. Je donnerai aux producteurs les moyens de s'organiser pour rééquilibrer les rapports de force au sein des filières face à la grande distribution. Je garantirai la présence des services publics locaux dans le monde rural. J'assurerai la protection de notre économie maritime et redonnerai à la pêche les moyens de sa modernisation. Je ferai de notre pays le leader européen des énergies marines renouvelables.

7 : Je séparerai les activités des banques qui sont utiles à l'investissement et à l'emploi, de leurs opérations spéculatives. J'interdirai aux banques françaises d'exercer dans les paradis fiscaux.

8 : Je garantirai l'épargne populaire par une rémunération du livret A supérieure à l'inflation et tenant compte de l'évolution de la croissance. Pour baisser les frais

bancaires, une loi plafonnera le coût des services facturés par les banques. Pour lutter contre le surendettement, le crédit à la consommation sera encadré.

Grande promesse : le crédit à la consommation sera encadré ! Certes, monsieur Hollande avec presque 7000 euros par mois et les frais pris en charge, ne doit pas y avoir recouru depuis longtemps mais le crédit à la consommation est déjà "encadré." S'il ne s'agit pas de la même chose, il aurait fallu préciser ! Quant au plafonnement des services des banques... un montant aurait été nécessaire.

9 : Le déficit public sera réduit à 3% du produit intérieur brut en 2013.

10 : j'ouvrirai un cycle de concertation avec les organisations syndicales de la fonction publique sur tous les sujets : perspectives salariales ; lutte contre la précarité ; modes de nominations des emplois supérieurs de la fonction publique ; déroulement des carrières.

Des livres blancs, des plans, des réunions, de la concertation... Et 5 ans passeront !

Je veux réorienter la construction européenne.

Oui, il proposera. Et vous devinez comment seront accueillies ses propositions !

11 : Je proposerai à nos partenaires un pacte de responsabilité, de gouvernance et de croissance pour sortir de la crise et de la spirale d'austérité qui l'aggrave. Je renégocierai le traité européen issu de l'accord du 9 décembre 2011

Il renégociera le traité européen du 9 décembre 2011 !

Rien que cela ! Alors qu'un accord fut déjà si difficile à obtenir ! Comme Laurent Fabius, exclamons-nous "je rêve !" Qui peut croire qu'il ferait autre chose qu'essayer de trouver des accords avec nos partenaires, comme son prédécesseur ? À quoi bon jouer les zorros avec le risque de passer pour un zozo irresponsable ? Un point exigé par Laurent Fabius ?

12 : Je défendrai un budget européen (2014-2020) au service des grands projets d'avenir.

13 : Je proposerai également une nouvelle politique commerciale pour faire obstacle à toute forme de concurrence déloyale et pour fixer des règles strictes de réciprocité en matière sociale et environnementale.

B. Je veux engager une grande réforme fiscale

14 : La contribution de chacun sera rendue plus équitable par une grande réforme permettant la fusion à terme de l'impôt sur le revenu et de la CSG dans le cadre d'un prélèvement simplifié sur le revenu (PSR). Une part de cet impôt sera affectée aux organismes de sécurité sociale. Les revenus du capital seront imposés comme ceux du travail.

15 : Je ferai contribuer les plus fortunés des Français à l'effort national en créant une tranche supplémentaire de 45% pour les revenus supérieurs à 150 000 euros par part. En outre, nul ne pourra plus tirer avantage des « niches fiscales » au-delà d'une somme de 10 000 euros de diminution d'impôt par an.

16 : Je maintiendrai toutes les ressources affectées à la politique familiale. J'augmenterai de 25% l'allocation de rentrée scolaire dès la prochaine rentrée. Je rendrai le quotient familial plus juste en baissant le plafond pour les

ménages les plus aisés, ce qui concernera moins de 5% des foyers fiscaux.

17 : Je reviendrai sur les allégements de l'impôt sur la fortune institués en 2011 par la droite, en relevant les taux d'imposition des plus gros patrimoines. L'abattement sur les successions sera ramené à 100 000 euros par enfant et l'exonération en faveur des conjoints survivants sera conservée. Je renforcerai les moyens de lutter contre la fraude fiscale.

La plus grande des injustices, ce ne sont pas les salaires élevés mais les héritages. Combien de salaires élevés permettent en trente ans d'obtenir un capital équivalent à celui des héritiers Dassault, Hersant, Lagardère... ? L'héritière d'une certaine Liliane Bettencourt, née Liliane Schueller, peut se réjouir du système d'héritage à la française. Qu'a fait François Mitterrand pour pallier cette injustice à la naissance ? Que ferait François Hollande ? Il semble, sur ce point, se placer dans les traces de Nicolas Sarkozy. Vouloir toucher à l'héritage représente un risque politique trop élevé ?

Je veux négocier une nouvelle réforme des retraites

18 : Je ferai en sorte que tous ceux qui ont 60 ans et qui auront cotisé la totalité de leurs annuités retrouvent le droit de partir à la retraite à taux plein à cet âge-là...

Je veux renouer avec l'excellence de notre système de santé et renforcer l'hôpital public

19 : Je réformerai la tarification pour mettre fin à l'assimilation de l'hôpital avec les établissements privés. Je le considérerai comme un service public et non comme une entreprise. Pour lutter contre les déserts médicaux, je

favoriserai une meilleure répartition des médecins par la création de pôles de santé de proximité dans chaque territoire. Je fixerai un délai maximum d'une demi-heure pour accéder aux soins d'urgence. J'améliorerai la prise en compte de la santé publique, notamment en augmentant la part de rémunération forfaitaire des médecins généralistes.

20 : Je sécuriserai l'accès aux soins de tous les Français en encadrant les dépassements d'honoraires, en favorisant une baisse du prix des médicaments et en supprimant le droit d'entrée dans le dispositif de l'aide médicale d'État.

21 : Je proposerai que toute personne majeure en phase avancée ou terminale d'une maladie incurable, provoquant une souffrance physique ou psychique insupportable, et qui ne peut être apaisée, puisse demander, dans des conditions précises et strictes, à bénéficier d'une assistance médicalisée pour terminer sa vie dans la dignité.

Je veux faire construire plus de logements

22 : Dans les zones où les prix sont excessifs, je proposerai d'encadrer par la loi les montants des loyers lors de la première location ou à la relocation. Je mettrai en place pour les jeunes un dispositif de caution solidaire. J'agirai pour que soient construits au cours du quinquennat 2,5 millions de logements intermédiaires, sociaux et étudiants, soit 300 000 de plus que lors du quinquennat précédent, dont 150000 logements très sociaux, grâce au doublement du plafond du livret A. Je renforcerai la loi SRU, en multipliant par cinq les sanctions qui pèsent sur les communes refusant d'accueillir les ménages aux revenus modestes et moyens. Je porterai à 25% les exigences en matière de construction de logements sociaux et je favoriserai la mixité sociale en imposant une règle des trois tiers bâtis : un tiers de

logements sociaux locatifs à loyer modéré, un tiers de logements en accession sociale, un tiers de logements libres.

L'objectif de 300 000 logements supplémentaires dans un quinquennat, démontre-t-il une implication nettement plus forte que celle de Nicolas Sarkozy ?

23 : Je mettrai gratuitement à disposition des collectivités locales les terrains de l'État qui sont disponibles pour leur permettre de construire de nouveaux logements dans un délai de cinq ans.

Que l'État offre des terrains... quelque part, ça me gène. Quelle distorsion de concurrence entre les villes qui devront réaliser leurs objectifs de construction de logements sociaux avec ou sans l'aide de l'État.

Je veux faire prévaloir la justice au travail

24 : Je lutterai contre la précarité qui frappe avant tout les jeunes, les femmes et les salariés les moins qualifiés : à cette fin, j'augmenterai les cotisations chômage sur les entreprises qui abusent des emplois précaires. Je mettrai en place un dispositif de notation sociale obligeant les entreprises de plus de 500 salariés à faire certifier annuellement la gestion de leurs ressources humaines au regard de critères de qualité de l'emploi et de conditions de travail.

25 : Je défendrai l'égalité des carrières professionnelles et des rémunérations entre les femmes et les hommes. Une loi sanctionnera les entreprises qui ne respectent pas cette règle, notamment par la suppression des exonérations de cotisations sociales. Un ministère des droits des femmes veillera notamment à son application effective.

26 : J'imposerai aux dirigeants des entreprises publiques un écart maximal de rémunérations de 1 à 20.

Je veux réinstaurer la justice dans tous nos territoires, en métropole comme en Outre-mer

27 : Je lancerai une nouvelle génération d'opérations de renouvellement urbain, je les compléterai par des actions de cohésion sociale en lien avec les collectivités et les associations, et je maintiendrai les services publics dans nos banlieues. J'augmenterai les moyens, notamment scolaires, dans les zones qui en ont le plus besoin et je rétablirai une présence régulière des services de police au contact des habitants.

28 : Je relancerai la politique des transports pour lutter contre la fracture territoriale qui exclut une partie des habitants de l'accès aux emplois et aux services publics. Ma priorité sera d'apporter, tant en Ile-de-France que dans les autres régions, une réponse à la qualité de service des trains du quotidien et à la desserte des territoires enclavés, ainsi qu'au développement des plateformes multimodales.

Je doute fortement qu'ici, à la campagne, nous ayons un jour une gare à moins de 35 kilomètres. De laquelle rares sont les liaisons directes.

29 : J'encouragerai un nouveau modèle de développement de l'outre-mer, comportant un programme d'investissements et une action prioritaire pour l'emploi et la formation des jeunes. Je lutterai sans concession contre les monopoles et les marges abusives pour réduire la vie chère. Je créerai un ministère de l'outre-mer rattaché au Premier ministre et une cité de l'outre-mer en Ile-de-France.

Je veux lutter sans concession contre toutes les discriminations et ouvrir de nouveaux droits

30 : Je lutterai contre le « délit de faciès » dans les contrôles d'identité par une procédure respectueuse des citoyens, et contre toute discrimination à l'embauche et au logement. Je combattrai en permanence le racisme et l'antisémitisme.

Et combattre les ostracismes de la politique dite culturelle en région Midi-Pyrénées ?

31 : J'ouvrirai le droit au mariage et à l'adoption aux couples homosexuels.

32 : Je garantirai l'existence d'un volet handicap dans chaque loi. Et je renforcerai les sanctions en cas de non-respect des 6% de travailleurs handicapés dans les entreprises, les services publics et les collectivités locales.

C Je veux redonner espoir aux nouvelles générations

Alors, je suis déjà vieux ! Je suis déjà dans le wagon des sans-intérêts ?

Je veux combattre le chômage, qui frappe particulièrement les jeunes et les séniors

33 : Je proposerai un contrat de génération pour permettre l'embauche par les entreprises, en contrat à durée indéterminée, de jeunes, accompagnés par un salarié plus expérimenté, qui sera ainsi maintenu dans l'emploi jusqu'à son départ à la retraite. Ce « tutorat » permettra de préserver des savoir-faire et d'intégrer durablement les jeunes dans la vie professionnelle.

Mais les emplois de demain seront-ils les mêmes que ceux d'aujourd'hui ?

34 : Je créerai 150 000 emplois d'avenir pour faciliter l'insertion des jeunes dans l'emploi et l'action des associations, en priorité dans les quartiers populaires. [Le

projet de Martine Aubry dit de l'ensemble du Parti Socialiste, prévoyait 300 000. Quelle grande analyse a ainsi divisé par deux l'objectif ?] Je reviendrai sur la défiscalisation et les exonérations de cotisation sociale sur les heures supplémentaires, sauf pour les très petites entreprises.

Vive les associations, les radios locales...

35 : Je mettrai en place, en concertation avec les partenaires sociaux, la sécurisation des parcours professionnels, pour que chaque salarié puisse se maintenir dans l'entreprise ou l'emploi et accéder à la formation professionnelle. Le financement de la formation sera concentré sur les publics les plus fragiles, les moins formés et les chômeurs. Je renforcerai les moyens de Pôle emploi. Pour dissuader les licenciements boursiers, nous renchérirons le coût des licenciements collectifs pour les entreprises qui versent des dividendes ou rachètent leurs actions, et nous donnerons aux ouvriers et aux employés qui en sont victimes la possibilité de saisir le tribunal de grande instance dans les cas manifestement contraires à l'intérêt de l'entreprise.

La sécurisation des parcours professionnels, quel beau jargon technocrate. Quant à la concentration des financements sur les chômeurs, est-ce la fin de la formation continue ?

Je veux remettre l'éducation et la jeunesse au coeur de l'action publique.

36 : Je créerai en cinq ans 60 000 postes supplémentaires dans l'éducation. Ils couvriront tous les métiers. Je mettrai en place un prérecrutement des enseignants avant la fin de leurs études. Pour tous, je rétablirai une formation initiale digne de ce nom.

Sous les applaudissements des enseignants ! Pourquoi 60 000 ? Car NS en a supprimé 60 000 ! Logique ! Sous Jacques Chirac, la France était parfaite !

37 : Je ferai en sorte que les enfants de moins de trois ans puissent être accueillis en maternelle. Je donnerai la priorité à l'acquisition des savoirs fondamentaux et d'un socle commun de compétences et de connaissances. Nous transformerons, avec les enseignants, les méthodes pédagogiques. Les élèves les plus en difficulté bénéficieront d'un accompagnement personnalisé pour que, à la fin du quinquennat, le nombre de jeunes qui sortent sans qualification du système scolaire soit divisé par deux. Je renforcerai et valoriserai les filières d'enseignement professionnel et technologique. Je veux lutter contre la précarité des jeunes. J'offrirai à tout jeune déscolarisé de 16 à 18 ans une solution de formation, d'apprentissage ou un service civique.

Quel ministre de l'éducation nationale n'a pas rêvé de transformer les méthodes pédagogiques ?

38 : Dans l'affectation des nouveaux personnels, ma priorité ira aux écoles maternelles et primaires, car c'est là que les premières difficultés se manifestent et que l'échec scolaire se forme, ainsi qu'aux zones en difficulté. Dans l'intérêt de nos enfants, je reverrai les rythmes scolaires, qui n'ont aucun équivalent en Europe.

39 : Je réformerai les premiers cycles de l'enseignement supérieur, en décloisonnant les filières à l'université afin d'éviter une spécialisation trop précoce des étudiants, en renforçant les passerelles entre toutes les formations du supérieur, notamment entre universités et grandes écoles. Je réformerai la loi LRU pour garantir une autonomie réelle des établissements, avec des moyens et une

gouvernance plus collégiale et démocratique. Je créerai une allocation d'études et de formation sous conditions de ressources dans le cadre d'un parcours d'autonomie. J'encadrerai les stages pour empêcher les abus. Je donnerai une impulsion aux échanges entre universités françaises et étrangères. J'abrogerai la circulaire sur les étudiants étrangers. Je simplifierai l'organisation du financement de la recherche, notamment pour que les chercheurs et les enseignants - chercheurs puissent se consacrer à leurs véritables tâches. J'accélérerai la mise en œuvre des Investissements d'avenir et je veillerai, en favorisant les coopérations et les mises en réseau, à ce que ne se constituent pas de déserts universitaires et scientifiques.

40 : Je garantirai pour tous les jeunes, valides ou non, la possibilité de pratiquer le sport dans un club ou une association. Je renforcerai la solidarité de l'économie du secteur professionnel vers le secteur amateur. Je m'appuierai sur le mouvement sportif pour organiser en France de grandes compétitions internationales.

Bonne leçon de l'Histoire : une victoire en coupe du monde de football parvenant à rendre populaire même Jacques Chirac, il faut exiger que la prochaine coupe du monde se déroule en France. Et tant pis pour le calendrier initial ! Si Hollande veut, France aura !

Je veux faire de la France la nation de l'excellence environnementale

41 : Je préserverai l'indépendance de la France tout en diversifiant nos sources d'énergie. J'engagerai la réduction de la part du nucléaire dans la production d'électricité de 75% à 50% à l'horizon 2025, en garantissant la sûreté maximale des installations et en poursuivant la

modernisation de notre industrie nucléaire. Je favoriserai la montée en puissance des énergies renouvelables en soutenant la création et le développement de filières industrielles dans ce secteur. La France respectera ses engagements internationaux pour la réduction des émissions de gaz à effet de serre. Dans ce contexte, je fermerai la centrale de Fessenheim et je poursuivrai l'achèvement du chantier de Flamanville (EPR).

Il fermera Fessenheim !... car il s'agit d'un symbole ? Mais surtout ne pas toucher à Golfech ! Car Jean-Michel Baylet connaît l'ensemble des bienfaits du nucléaire ? Il aime ses retombées... financières ?

42 : Je ferai adopter une nouvelle tarification progressive de l'eau, de l'électricité et du gaz afin de garantir l'accès de tous à ces biens essentiels et d'inciter à une consommation responsable. Elle permettra de faire sortir de la précarité énergétique 8 millions de Français.

L'eau... la politique du voisin lotois est exemplaire ! Les ruisseaux sont asséchés ou pollués et les stations municipales sont priées de rejoindre la Saur !

43 : Je lancerai un vaste plan qui permettra à 1 million de logements par an de bénéficier d'une isolation thermique de qualité. Seront ainsi créés des dizaines de milliers d'emplois. Les économies de chauffage qui en découleront redonneront du pouvoir d'achat aux ménages.

Via un crédit d'impôt ? Avec toujours l'obligation de recourir à un artisan, donc de payer le prix fort ! Hé oui, il s'agit de créer des emplois ! Vous connaissez un artisan à tarif décent ?... Donc nous continuerons à réaliser de manière artisanale nos travaux...

Je veux soutenir l'accès à la culture et à la création artistique

44 : Je lancerai un plan national d'éducation artistique. Je soutiendrai la création et la diffusion qui sont le levier de l'accès de tous à la culture. J'établirai entre l'État et les collectivités locales des contrats visant à doter le territoire d'un maillage culturel mieux coordonné et plus efficace. Je ferai voter une loi d'orientation sur le spectacle vivant et je reprendrai le chantier du Centre national de la musique, pour en faire un outil au service de la diversité culturelle. Je reviendrai à un taux de TVA à 5,5% pour le livre et la billetterie, et je lutterai pour la survie des librairies indépendantes.

Que signifie soutenir la création et la diffusion ? Quand au nom de la création on soutient des intermédiaires et se moque royalement des créateurs ? (voir la politique de M. Martin Malvy en région Midi-Pyrénées)
Revenir à un taux de TVA à 5,5% pour le livre, il s'agit donc, de nouveau, de différencier le livre papier de l'ebook ! L'ebook n'ayant jamais connu le taux à 5,5% mais étant passé au 1er janvier de 19.6 à 7%.
Un maillage culturel confié aux collectivités locales : il faut craindre le pire. Un peu plus de salariés payés sur l'argent de la Culture et une politique d'exclusion des créateurs qui ne marchent pas en rang ?

45 : Je remplacerai la loi Hadopi par une grande loi signant l'acte 2 de l'exception culturelle française, qui conciliera la défense des droits des créateurs et un accès aux œuvres par internet facilité et sécurisé. La lutte contre la contrefaçon commerciale sera accrue en amont, pour faire respecter le droit d'auteur et développer les offres en ligne. Les auteurs seront rémunérés en fonction du nombre d'accès à leurs œuvres grâce à un financement reposant sur les acteurs économiques qui profitent de la circulation numérique des œuvres.

Il s'agit donc d'imposer la licence globale ? Par ces deux points, monsieur Hollande témoigne d'une approche dangereuse pour les filières indépendantes de la musique et du livre. Il semblerait qu'il souhaite donner aux acteurs historiques le pouvoir dans la nouvelle économie, essayer de stopper l'émergence d'un autre système.

D Je veux une République exemplaire et une France qui fasse entendre sa voix

Je veux défendre et promouvoir la laïcité

46 : Je proposerai d'inscrire les principes fondamentaux de la loi de 1905 sur la laïcité dans la Constitution en insérant, à l'article 1er, un deuxième alinéa ainsi rédigé : « La République assure la liberté de conscience, garantit le libre exercice des cultes et respecte la séparation des Églises et de l'État, conformément au titre premier de la loi de 1905, sous réserve des règles particulières applicables en Alsace et Moselle. »

Mon attachement à l'égalité républicaine apprécie modérément ces règles particulières en Alsace et Moselle. Quant à la laïcité, sa définition semble varier entre les athées et les religieux...

Je veux que la prochaine présidence soit celle de l'impartialité de l'Etat, de l'intégrité des élus et du respect des contre-pouvoirs

Le respect des contre-pouvoirs ! Monsieur Martin Malvy a quand même mandaté un avocat contre http://www.conseil-regional.info, avec l'exigence de retrait pour "contrefaçon" du logo de la région... alors que ceux des autres régions figurent naturellement sur ce site d'informations... comme sur de nombreux sites. Est-ce tout simplement que l'ancien journaliste de la *Dépêche du Midi* a des difficultés à accepter les contre-pouvoirs ?

47 : Je réformerai le statut pénal du chef de l'État. Je réduirai de 30% la rémunération du président de la République et des ministres. Les anciens présidents de la République ne siégeront plus au Conseil constitutionnel.

48 : J'augmenterai les pouvoirs d'initiative et de contrôle du Parlement, notamment sur les nominations aux plus hauts postes de l'État afin de les rendre irréprochables. Je ferai voter une loi sur le non-cumul des mandats. Je renforcerai la parité entre les femmes et les hommes en alourdissant les sanctions financières contre les partis politiques qui ne la respectent pas. J'introduirai une part de proportionnelle à l'Assemblée nationale.

49 : Je porterai la durée d'inéligibilité des élus condamnés pour faits de corruption à dix ans.

50 : J'accorderai le droit de vote aux élections locales aux étrangers résidant légalement en France depuis cinq ans. Je conduirai une lutte implacable contre l'immigration illégale et les filières du travail clandestin. Je sécuriserai l'immigration légale. Les régularisations seront opérées au cas par cas sur la base de critères objectifs.

51 : La désignation des responsables des chaînes publiques de télévision et de radio dépendra d'une autorité indépendante et non plus du chef de l'État ou du gouvernement. Je préserverai l'indépendance de l'AFP et je renforcerai la loi sur la protection des sources.

Une autorité indépendante... mais naturellement formée de personnalités amies ?

Je veux donner à la police et à la justice les moyens de nous protéger

52 : Je mettrai en œuvre une nouvelle sécurité de proximité assurée par la police dans nos quartiers et la gendarmerie dans les territoires ruraux. Je créerai des zones de sécurité prioritaires où seront concentrés davantage de moyens. Je doublerai le nombre de centres éducatifs fermés pour les mineurs condamnés par la justice en les portant à 80 durant le quinquennat. Je créerai, chaque année, 1000 postes supplémentaires pour la justice, la police et la gendarmerie.

5000 postes supplémentaires pour la justice, la police et la gendarmerie durant le mandat quand le projet du Parti Socialise se situait déjà à 10 000 pour la police et la gendarmerie. Les chiffres se balancent et se modifient...

Je veux donner un nouvel élan à notre démocratie

53 : Je garantirai l'indépendance de la justice et de tous les magistrats : les règles de nomination et de déroulement de carrière seront revues à cet effet ; je réformerai le Conseil supérieur de la magistrature. J'interdirai les interventions du gouvernement dans les dossiers individuels. Je remettrai à plat la procédure pénale pour la rendre efficace dans le respect des principes fondamentaux de l'Etat de droit. L'accès à la justice de proximité pour tous les litiges portant sur des aspects essentiels de la vie quotidienne des Français sera facilité. Les peines prononcées seront toutes effectivement exécutées et les prisons seront conformes à nos principes de dignité.

54 : J'engagerai une nouvelle étape de la décentralisation en associant les élus locaux. Je ferai voter une loi sur le renforcement de la démocratie et des libertés locales. Elle prévoira notamment l'abrogation du conseiller territorial et la clarification des compétences. Un pacte de confiance et de solidarité sera conclu entre l'État et les collectivités

locales garantissant le niveau des dotations à leur niveau actuel. Je réformerai la fiscalité locale en donnant plus d'autonomie aux communes, aux départements et aux régions, en contrepartie d'une plus grande responsabilité. Une véritable péréquation sera mise en œuvre.

L'abrogation du conseiller territorial c'est abroger la réforme prévue pour 2014, laisser leur pouvoir à une multitude d'élus aux résultats minimes.

55 : Tout texte de loi concernant les partenaires sociaux devra être précédé d'une concertation avec eux. Je ferai modifier la Constitution pour qu'elle reconnaisse et garantisse cette nouvelle forme de démocratie sociale. Dès l'été 2012, je réunirai une grande conférence économique et sociale qui sera saisie des priorités du quinquennat. Je permettrai la présence des représentants des salariés dans les conseils d'administration et dans les comités de rémunération des grandes entreprises.

56 : Je ferai ratifier la Charte européenne des langues régionales ou minoritaires.

Je veux porter haut la voix et les valeurs de la France dans le Monde

57 : Je soutiendrai la mise en place d'une Organisation mondiale de l'environnement et d'une véritable gouvernance de la mondialisation autour du G20, des organisations régionales et des Nations unies. Je resserrerai nos liens avec les grands pays émergents (Chine, Inde, Brésil...). J'agirai pour une aide accrue aux pays en développement et pour un renouveau du multilatéralisme. Je plaiderai pour une réforme de l'ONU, notamment l'élargissement du Conseil de sécurité, au sein duquel la France gardera son siège et son droit de veto.

58 : Je développerai la relation de la France avec les pays de la rive sud de la Méditerranée sur la base d'un projet économique, démocratique et culturel. Je romprai avec la « Françafrique », en proposant une relation fondée sur l'égalité, la confiance et la solidarité. Je relancerai la francophonie. Je prendrai les mesures nécessaires pour accompagner nos compatriotes établis hors de France, notamment en matière d'enseignement, en fonction de leurs revenus.

59 : J'engagerai un retrait immédiat de nos troupes d'Afghanistan : il n'y aura plus de troupes françaises dans ce pays à la fin de l'année 2012. Je prendrai des initiatives pour favoriser, par de nouvelles négociations, la paix et la sécurité entre Israël et la Palestine. Je soutiendrai la reconnaissance internationale de l'État palestinien.

60 : Je maintiendrai une ambition nationale élevée pour notre outil de défense, et je serai très vigilant dans l'action contre le terrorisme. Je fixerai un cap à nos forces armées, en conservant les deux composantes de notre dissuasion nucléaire, et en resserrant les liens entre l'armée et la nation. Je veillerai à ce que les armées disposent des moyens de leur mission et d'une organisation performante. Je relancerai une politique industrielle de défense ambitieuse. Je m'attacherai à ce que l'Otan retrouve sa vocation initiale : la préparation de la sécurité collective.

Quant au financement de ce programme, il passera "naturellement" par un redressement des comptes publics, chiffré à 29 milliards d'euros : 11,8 milliards via les plus hautes rémunérations et la défiscalisation des heures supplémentaires et 17,3 milliards via les niches fiscales et sociales des entreprises, et la "contribution" de "la finance".

Michel Rocard fut bref, précis : « *l'hypothèse de croissance sur laquelle se fonde François Hollande n'est pas plausible.* »

Le Centre Régional des Lettres Midi-Pyrénées, exemple d'une politique culturelle socialiste critiquable et non critiquée par le candidat

Le Centre Régional des Lettres Midi-Pyrénées, selon sa présentation officielle, se prétend au coeur de la politique du livre en région, " *plate-forme d'échanges, de débats et de partenariats entre acteurs de la chaîne du livre. Qu'il s'agisse de conseil, d'expertise, de financement ou de mise en réseau, le CRL accompagne auteurs, éditeurs, libraires et professionnels des établissements documentaires de la région Midi-Pyrénées dans leurs projets.*"

La page "*missions*" le prétend : "*à l'écoute de leurs préoccupations en un temps où la révolution numérique transforme en profondeur les métiers du livre.*"

Qu'entend le CRL par "*Soutenir la création et la chaîne du livre*" ?

La réalisation d'études (où naturellement la sélection rigoureuse des personnalités écoutées doit garantir l'impartialité... ou peut-être d'obtenir des conclusions conformes aux souhaits de certains ; ainsi je n'ai "naturellement" jamais été consulté sur le livre numérique... il est vrai que les libraires sont sûrement plus compétents... Comme en témoigna, en 2011, le groupe de travail régional interprofessionnel intitulé LE NUMERIQUE ET LES MÉTIERS DU LIVRE) et l'attribution d'aides "aux acteurs du livre."

Qui sont ces acteurs du livre ?

- *Auteurs : bourses d'écritures versées par le CRL pour favoriser la création littéraire en Midi-Pyrénées.*

- *Editeurs : présence à Vivons Livres ! Salon du livre Midi-Pyrénées, aides aux déplacements hors région (entre autres le Salon du livre de Paris), aides à la fabrication et à la traduction, toutes versées par la Région Midi-Pyrénées.*

- Libraires : mise en place d'une politique d'aide à la librairie indépendante, financée majoritairement par la Région Midi-Pyrénées, avec le soutien de la DRAC.
Oui des librairies sont aidées avec de l'argent public, à l'heure où la numérisation, le changement de modèle économique, devrait être la préoccupation majeure.

Dans les **critères d'attribution des bourses d'écriture 2012** (9 bourses par an chacune d'un montant maximum de 8 200 €), les auteurs-éditeurs, même professionnels, sont exclus d'une phrase : "l'auteur doit avoir publié au moins un livre à compte d'éditeur (sous forme imprimée)."

J'ai plusieurs fois essayé de combattre cette approche, ce mépris du statut d'auteur-éditeur. Certes ne figure plus dans la rubrique "Sont exclus :" la phase "*l'auto-édition (éditions à compte d'auteur et éditions à compte d'auteur pratiquées par un éditeur professionnel).*" Oui, le professionnalisme du CRL alla jusqu'à donner cette définition de l'auto-édition !

J'ai à chaque fois affronté un mur. Encore fin 2011 début 2012. Il arrive un moment où le comportement de ces gens qui se gargarisent de soutenir la culture devient insupportable. J'ai décidé de rendre public l'échange de mails dans cet ebook, comme un exemple du comportement d'une structure ancrée à gauche où l'écrivain doit se soumettre au vieux modèle économique ou accepter de subir une distorsion de concurrence. Oui, réussir à placer un livre dans une maison d'édition Hachette (groupe Lagardère, 12% du capital détenu par le Qatar) permet de réaliser un dossier pour obtenir 8200 euros tandis que l'écrivain indépendant vivant difficilement de sa plume, est catégoriquement rejeté.

D'ici quelques mois, je m'exprimerai de manière détaillée sur le sujet. Peu importe le résultat des présidentielles.

Le mardi 9 août 2011 à 13:00 j'écrivais à l'adresse mail spécifiée sur le site, à la responsable du dossier des bourses du CRL :

Bonjour,

Dramaturge joué (France, Biélorussie, Madagascar et sûrement dans quelques autres pays de manière illégale, comme ce fut le cas en Biélorussie dans un festival organisé par l'ambassade de France)

Auteur de chansons chanté.

Romancier, essayiste, dont les livres sont lus. 14 livres en papier.

Citoyen lotois, donc de Midi-Pyrénées.

Auteur vivant modestement de sa plume en indépendant (auteur-éditeur, aucune subvention ni rsa...)

Je suis naturellement inscrit dans une démarche numérique, avec une 20taine d'ebooks distribués sur les plus grandes plateformes numériques.

Des auteurs bénéficient de subventions
http://www.crl-midipyrenees.fr/creation-et-vie-litteraires/aide-a-la-creation

Il est noté "au moins un ouvrage à compte d'éditeur."
Est-il est indispensable de travailler pour des éditeurs subventionnés et membres du SNE pour proposer un dossier de candidature ?

Je suis déclaré en profession libérale, auteur-éditeur, avec numéro de siren et tva intracommunautaire.

Je suis donc un écrivain professionnel (http://www.ecrivain.pro) et j'aimerais connaître votre position, la position du CRL.

Amitiés

Stéphane Ternoise

http://www.ecrivain.pro

Le jeudi 27 octobre 2011 à 09:22, en l'absence de toute réponse, j'ai de nouveau écrit :

Bonjour,

Surpris de ne pas avoir obtenu de réponse au mail du 9 octobre, cela me permet de préciser quelques évolutions encore plus positives depuis cette date :

Dramaturge joué (France, Biélorussie, Madagascar et sûrement dans quelques autres pays de manière illégale, comme ce fut le cas en Biélorussie dans un festival organisé par l'ambassade de France) désormais traduit en anglais et allemand (une pièce publiée et distribuée sur Itunes, Amazon, la Fnac... :
- Traduction Kate-Marie Glover The Teddy (Bear) Whispererhttp://librairie.immateriel.fr/fr/ebook/97823654 10311/the-teddy-bear-whisperer
- Traduction Jeanne Meurtin Das Mädchen mit den 200 Schmusetieren http://librairie.immateriel.fr/fr/ebook/9782365410342/das-m%C3%A4dchen-mit-den-200-schmusetieren)

Auteur de chansons chanté.

Romancier, essayiste, dont les livres sont lus. 14 livres en papier (http://www.ecrivain.pro).

Citoyen lotois, donc de Midi-Pyrénées.

Auteur vivant modestement de sa plume en indépendant (auteur-éditeur, aucune subvention ni rsa...)

Je suis naturellement inscrit dans une démarche numérique, avec une 40taine d'ebooks distribués sur les plus grandes plateformes numériques (vie mon edistributeur Immateriel).

Naturellement je soutiens le livre numérique et l'arrivée du Kindle fut une date essentielle pour les écrivains français.
Je suis même parfois classé dans le top 100 des ventes Amazon Kindle. http://www.ecrivain.pro/top100amazon20111026.html (hé oui, bien devant des écrivains qui ont pourtant obtenu une bourse CRL les années précédentes...)

Bizarrement, quand le CRL a lancé une commission sur l'ebook, il ne m'a pas contacté alors qu'au moins dans la région je suis une référence du domaine...

Des auteurs bénéficient de subventions http://www.crl-midipyrenees.fr/creation-et-vie-litteraires/aide-a-la-creation
Il est noté "au moins un ouvrage à compte d'éditeur."

Est-il est indispensable de travailler pour des éditeurs subventionnés et membres du SNE pour proposer un dossier de candidature ?

Je suis déclaré en profession libérale, auteur-éditeur, avec numéro de siren et tva intracommunautaire.

Je suis donc un écrivain professionnel (http://www.ecrivain.pro) et j'aimerais connaître votre position, la position du CRL. Naturellement, je souhaite déposer un dossier de bourse du CRL et je serais choqué qu'un écrivain professionnel ne puisse y prétendre.

Amitiés
Stéphane Ternoise
http://www.ecrivain.pro

A 10 heures 07 je recevais une confirmation de lecture et à 13:22, enfin une réponse :

Bonjour,

Je vous prie de m'excuser mais je suis assez prise en ce moment par la préparation de notre salon du livre Vivons Livres !, qui se tiendra les 5 & 6 novembre à Toulouse et je n'instruirai les dossiers de demande de bourses qu'après cette date. Merci de votre compréhension

Vous pouvez me contacter d'ici une quinzaine de jours

Pour info je rappelle que :

Le Centre Régional des Lettres attribue des bourses d'écriture aux auteurs et aux illustrateurs dans le domaine de la création littéraire, des sciences et des sciences humaines au sens large, afin de leur permettre de libérer du temps pour mener à bien un projet d'écriture.

Pour solliciter une bourse d'écriture tout auteur doit remplir les conditions suivantes :

- Résider en région Midi-Pyrénées

- Avoir publié au moins un ouvrage en langue française, à compte d'éditeur, chez un ou des éditeurs assurant une diffusion et une distribution dans un ensemble significatif de librairies sur le territoire national.

- Etre auteur ou coauteur d'un ouvrage à part entière (ne sont pas considérées comme conditions suffisantes : illustrations de couverture, publicationscollectives ou en en revue)

Vous trouverez sur le site du CRL les modalités d'attribution. http://www.crl-midipyrenees.fr/creation-et-vie-litteraires/aide-a-la-creation/

Bien cordialement

Eunice Charasse
Chargée de la formation et de la vie littéraire
Centre Régional des Lettres Midi-Pyrénées
7, rue Alaric II
31000 TOULOUSE

Il convient de noter "une diffusion et une distribution dans un ensemble significatif de librairies sur le territoire national." Donc, selon le CRL, il n'existe aucun problème de diffusion du livre papier en France ! Les distributeurs et les libraires sont des gens adorables !
Je répondais quasi immédiatement, à 13:54 :

Bonjour Eunice,

C'est justement la phrase
" Avoir publié au moins un ouvrage en langue française, à compte d'éditeur, chez un ou des éditeurs assurant une diffusion et une distribution dans un ensemble significatif de librairies sur le territoire national." qui peut poser un problème. Si elle est appliquée au pied de la lettre cette mesure est une intolérable distorsion de concurrence, sachant que je suis auteur-éditeur professionnel, que je pratique la vente directe des livres papier (14) depuis des années et l'ensemble des ebooks sont même mieux distribués que ceux édités chez Gallimard. Etant auteur-éditeur, correctement diffusé, je ne vois pas l'intérêt de travailler avec un éditeur versant des droits dérisoires, même en numérique.

Donc j'aimerais des précisions sur votre application de ce terme et votre avis sur ma condition d'auteur-éditeur en région Midi-Pyrénées, d'ailleurs non invité à votre salon du livre...

Amitiés
Stéphane Ternoise
http://www.ecrivain.pro

Aucune réponse. La date limite fut donc franchie et cette personne payée par l'argent public n'a pas répondu à la question.

Surprise : le mercredi 4 janvier 2012, un message adressé à 6 adresses mails, dont la mienne, et deux Copies Conformes.

Sujet : Bourse CRL

Bonjour,

Vous aviez émis le souhait de déposer un dossier de demande de bourse au CRL.

A ce jour je n'ai rien reçu.

Pouvez-vous me joindre pour en discuter SVP au 05 34 -- -- -- ?

Soit vous ne pouvez prétendre à cette bourse au vu des critères d'éligibilité

Soit vous m'avez envoyé le dossier mais il y a eu un problème de réception car je n'ai aucun dossier en ma possession

Merci de m'en informer

Cordialement et Très Belle Année à vous

Eunice Charasse
Chargée de la formation et de la vie littéraire
Centre Régional des Lettres Midi-Pyrénées
7, rue Alaric II
31000 TOULOUSE

Je répondais ce mercredi 4 janvier 2012 à 12:24

Bonjour Eunice,

Le problème, c'est votre absence de réponse aux questions soulevées en 2011.

En résumé : est-ce que le CRL Midi-Pyrénées mène une politique pro-installés ou a une démarche de soutien à la littérature ?

La phrase " Avoir publié au moins un ouvrage en langue française, à compte d'éditeur, chez un ou des éditeurs assurant une diffusion et une distribution dans un ensemble significatif de librairies sur le territoire national." peut poser problème, sachant que je suis mon propre éditeur (professionnel). J'assure à mes écrits une large diffusion. Mon théâtre est joué en France et à l'étranger. Mes textes de chansons sont chantés. Mes romans sont lus.

Si vous suivez le développement des ebooks autrement que dans une vague commission où siègent des libraires et autres représentants de l'économie du livre verrouillée par Lagardère and Coe, vous connaissez sûrement certains de mes textes (parfois classés dans le Top 100 Amazon Kindle).

Est-il utile que je réalise un dossier ?

Meilleurs voeux littéraires 2012.

Amitiés

Stéphane Ternoise
http://www.ecrivain.pro

Confirmation de lecture parvenue le 04 à 12:56. Mais aucune réponse.

Le jeudi 5 janvier 2012 09:16 :

Bonjour Eunice,

Je note votre nouvelle absence de réponse.

J'ai bien noté que vous n'avez d'abord pas répondu à ma demande en septembre 2011 puis à la suivante. Vous avez attendu le passage de la date limite pour envoyer les dossiers...
Quelle est votre motivation ?

En exigeant un contrat en compte d'éditeur, vous êtes dans l'erreur et le savez ?
J'ai signé un contrat de distribution avec IMMATERIEL qui me permet d'être distribué comme Gallimard. Je suis considéré comme éditeur par l'administration fiscale et vous placez une discrimination sur mon statut en exigeant que je passe par un éditeur qui verse des droits d'auteur dérisoires.
Avec Immateriel, 60% du prix HT me revient. Si j'étais chez votre ami Lagardère, je ne serais même pas à 10%.

Naturellement, j'écrirai de nouveau sur ce sujet...

Amitiés
Stéphane Ternoise
http://www.ecrivain.pro

Depuis : rien.

2002 : la chanson "la gauche la plus bête du monde"

En 2002, j'écrivais une chanson, *la gauche la plus bête du monde*, elle est toujours en chanson sans musique à la sacem. Elle n'a pas trouvé de chanteur souhaitant porter cette lucidité. Il serait privé de contrats dans les villes de gauche qui y verraient un intolérable sacrilège et dans celles de droite qui comprendraient qu'il s'agit d'essayer de sauver la gauche ?

La gauche la plus bête du monde

Elle voulait montrer à la terre entière
Qu'elle est la plus protestataire
Elle est si fière
De ses nouveaux missionnaires

La gauche la plus bête du monde
Aime qu'on la tonde
Elle n'a même pas cassé le drapeau
Des chefs de troupeaux
La gauche la plus bête du monde
Aime qu'on la tonde

Elle aime se regarder à la télé
C'est le pied de s'voir défiler
La bonne conscience
Toujours elle garde confiance

La gauche la plus bête du monde
Aime qu'on la tonde
Elle n'a même pas cassé le drapeau
Des chefs de troupeaux

La gauche la plus bête du monde
Aime qu'on la tonde

Le premier qui critique ses positions
Est accusé de trahison
Et même de con
C'est l'excommunication

La gauche la plus bête du monde
Aime qu'on la tonde
Elle n'a même pas cassé le drapeau
Des chefs de troupeaux
La gauche la plus bête du monde
Aime qu'on la tonde

2004 : Désolé Baylet. Ni PRG ni Dépêche du Midi

Le 20 août 2004 fut déposée à la sacem une parodie de la
chanson *les moutons* de Jacques Brel :

Désolé Baylet

Désolé Baylet
J'aime pas ton torchon
Ta dépêche du midi
Méprise la création
Pue un peu trop l'rugby
Pollue notre région
T'aimes pas les écrivains
Dans tes rédactions
Désolé Baylet
J'aime pas les torchons

Désolé Baylet
J'aime pas ton Golfech
Qu'on retrouve l'uranium
Au bout des cannes à pêche
Qui essaime en pylônes
Qui tue par ses brèches
Quand je vois cette fumée
Mes couplets partent en flèches
Désolé Baylet
J'aime pas ton Golfech

Désolé Baylet
J'aime pas les fils de
Ceux qui fanfaronnent
Tous ces petits merdeux
Le Tarn-et-Garonne

Toujours bayletisé
Il serait temps d'le libérer
Besoin de pluralité
Désolé Baylet
J'aime pas les fils de

Désolé Baylet
J'aime pas ton gauchon
Ton parti radical
La tribu Bayletons
Qui trône sur quelques cantons
Où la médiocrité s'installe
Où les ânes font leurs bêlons
Pour quelques subventions
Désolé Baylet
J'aime pas ton gauchon

Désolé Baylet
J'aime bien cette chanson
Désolé Baylet
Si j' gâche tes soirées
Il pleut, il pleut Baylet
Prends garde à ces couplets
Prends garde aux chansonniers, Baylet
Un soir tu vas bêler
Désolé Baylet
J'aime cette chanson

Désolé Baylet
J'aime pas ton torchon
Ta dépêche du midi
Méprise la création
Pue un peu trop l'rugby
Pollue notre région

T'aimes pas les écrivains
Dans tes rédactions
Désolé Baylet
J'aime pas les torchons

Bêêêêêêêêêêh

Bernard Tapie soutenait Jean-Michel Baylet lors des primaires socialistes 2011. Pour la présidentielle, il roule Sarkozy. Sûrement logique. Pour cet ancien imminent membre (ou grand sympathisant) du PRG.

Lu dans l'express en avril 2006 : « *la fortune politique de Baylet repose sur l'amalgame habilement opéré entre ses pouvoirs multiples et la quête affichée de l'intérêt général. Sa méthode de prédilection : la recherche obstinée du consensus. (...) la communauté des Deux Rives, rassemble autour de Valence-d'Agen 23 communes, la plupart rurales. Grâce à la centrale nucléaire de Golfech et à sa plantureuse taxe professionnelle, cette collectivité territoriale dispose de ressources exceptionnelles.* »
La recherche du consensus chez François Hollande me fait souvent penser à cette phrase.
Le site du PRG prétendait à cette époque : "*100 ans au service de la République. Libertés individuelles et intérêt général fondent la pensée radicale.*"
Libertés individuelles ? A condition qu'elles soient validées par un comité ?

2006 : la chanson Ségolène, adaptation de Bécassine

Ecrit en juin 2006, en pleine période d'euphorie française pour Ségolène Royal, ce texte fut enregistré par Frédérique Zoltane. Le 19 octobre 2006, dans un article intitulé *"Sarkozy en chansons"*, Thien Nguyen, du gratuit *Metro*, signale *"en bonus une chanson sur Ségolène Royal inspiré du célèbre Bécassine de Chantal Goya."* L'album 14 titres *CD SARKOZY* est sorti le jour de la Saint Nicolas 2006, trop anti-sarkozyste pour les médias sarkozysés, trop anti-royal pour les médias trop royalistes (vous préférez socialistes ?). Témoin de la difficulté à informer sans relai médiatique : Dominique Dhombres, avec sa chronique dans *Le Monde* du 19 janvier 2007, où il affublait la candidate socialiste du surnom de la servante bretonne de Madame de Grandair, est encore considéré comme le créateur du rapprochement Ségolène Bécassine ! Naturellement, j'avais contacté monsieur Dhombres pour lui signaler l'histoire de Bécassine mais il n'a jamais réagi. Les créateurs finissent toujours par être récupérés... et certains n'hésitent pas à s'attribuer leurs idées en les effaçant totalement...

Dès juin 2006, François Bayrou me semblait le seul candidat apte à battre Nicolas Sarkozy. Tandis que la voix officielle du *Monde*, Jean-Marie Colombani, tenta, jusqu'à la veille du premier tour, de réduire le débat à un duel Nicolas Sarkozy - Ségolène Royal. Traumatisés (culpabilisés) par leur rôle dans le 21 avril 2002 (comme le *"Ni Chirac ni Jospin"* proposé à son lectorat par Jean-François Kahn) les médias ont occulté la possibilité centriste. En 2002, nos vaillants journalistes de gauche ont assuré la victoire de Jacques Chirac, cinq ans plus tard celle de Nicolas Sarkozy.

Ségolène

Tandis que son frère combattait les écologistes
Elle empruntait la voie royale de l'Enarriviste
Conseillère dans une boîte à idées mitterrandistes
La vraie vie selon les socialistes

Quand Bérégovoy ouvre le chapeau du président
Il la catapulte ministre de l'environnement
Elle plaira à certains magazines tout simplement
Et parfois ça devient suffisant
Mais pour Jospin elle restera
Loin derrière Aubry et Guigou
Préparant son come-back sans la redouter

Ségolène, c'est une aubaine
Ségolène, est magicienne
Quand les éléphants sont en guerre
La gazelle saute saute en l'air
On lui dit t'es une reine
Che Guevara des ménagères
Ségolène, c'est une aubaine
Ségolène, est magicienne
Saints sondages restez avec Nous
On sait qu'on ira jusqu'au bout
Ségolène, tu nous rends fou

Quand prudents les éléphants ignorent les Régionales
Sur les terres de Raffarin déboule madame Royal
La chute des chiraquiens en fit une femme fatale
Quand nos voisins se donnent une chancelière
La France ne voit plus qu'une femme pour nous éviter le
Sarkozy
Depuis à tout ce qu'elle dit le pays dit oui oui
Ségolène, c'est une aubaine

Ségolène, est magicienne
Quand les éléphants sont en guerre
La gazelle saute saute en l'air
On lui dit t'es une reine
Che Guevara des ménagères
Ségolène, c'est une aubaine
Ségolène, est magicienne
Saints sondages restez avec Nous
On sait qu'on ira jusqu'au bout
Ségolène, tu nous rends fou

Cinq ans furent nécessaires obtenir une distribution numérique du **CD SARKOZY**. Le marché français s'est organisé pour rendre invisibles les producteurs indépendants. Heureusement Amazon et Itunes permettent de desserrer l'étau.

2012 année politique

En 2012, François Bayrou n'ayant pas su gérer sa défaite et le PS s'étant laissé enfermer dans l'illusion d'un triomphe facile de DSK à laquelle succéda le fatalisme du François Hollande faute de mieux : sur la musique de *69 année érotique* de notre Serge Gainsbourg : *2012 année politique*.
Oui, l'élection présidentielle 2012 se résumera, finalement, à un duel Sarkozy Hollande. Les petits candidats grignoteront très peu dans leur socle historique de voix et Marine Le Pen, François Bayrou comme Jean-Luc Mélenchon (même s'il bénéficie d'un boulevard pour l'enthousiasme face à la monotonie tranquille de son "allié") ne peuvent qu'espérer compter dans les tractations d'avant finale.
Aucun candidat n'a vraiment su utiliser Internet : l'élection se jouera sûrement lors du débat télévisé.

2012 année politique

Sarko et ses généraux
Partis du bas de la côte
Vont séduire le populo
Leurs chers compatriotes
On va s'faire baratiner
On va s'faire en... sorceller
Nous promettront la justice
Avec un Sarko bis

2012 année politique
2012 année politique

François comme naguère Ségo

99

Voudra changer la vie
Humaniser les impôts
Et battre Sarkozy
On va s'faire baratiner
On va se faire en... vouter
Nous promettra la justice
Avec un François Bis*

2012 année politique
2012 année politique

On va s'faire baratiner
On va se faire en... tuber

Faudra boire le calice
Jusqu'aux prochaines sottises

2012 année politique
2012 année politique

* Le François 1er étant naturellement Mitterrand. Je me demande parfois, quand (par exemple sur France-Culture) j'entends François Mitterrand pour François Hollande, s'il s'agit d'un lapsus ou d'une démarche volontaire, militante, pour tenter d'enfoncer dans les têtes un héritage passant par le prénom.

La tentation de l'abstention

Puisqu'il ne fera rien de grand d'une victoire, une défaite de François Hollande serait peut-être préférable, finalement ? Certes je ne voterai pas Jean-Luc Mélenchon, sûrement désormais plus en phase avec el président Chávez du Venezuela qu'avec la social-démocratie européenne. Alors, quel bulletin choisir le 22 avril ? Ah, s'il existait une candidature écologiste audible ! Alors ? L'abstention ? Ce serait la première fois (au premier tour d'une présidentielle). Voter blanc ? Entre l'abstention et le vote blanc, j'hésite.

Voilà, messieurs Malvy, Miquel, Maury, Strauss-Kahn, Baylet, Fabius et les autres, le vrai bilan de vos carrières : le peuple de gauche est fatigué. Vos mines réjouies du 6 mai 2012 me seraient aussi insupportables que celles des Sarkozy, Estrosi, Copé, Guéant, Longuet...

Je me souviens du 11 décembre 1994, le « non » de Jacques Delors, l'élan brisé. Dans ce refus de sauver le Parti Socialiste, je détecte les racines du 21 avril 2002 comme celles de cette pitoyable campagne 2012 où un sérieux trop sérieux François Hollande tente de faire oublier son image de joyeux drille et les frasques stausskahniennes.

Le coup de poker de Nicolas Sarkozy entre les deux tours...

Nicolas Sarkozy n'aurait aucune chance d'être réélu si le candidat du PS savait entraîner son camp tel un Mélenchon.
Nicolas Sarkozy peut retrouver son niveau du premier tour de 2002, peut dépasser la barre des 30%... en sachant qu'il lui manquera encore quelques milliers de voix pour gagner le 6 mai 2012.
Nicolas Sarkozy possède une dernière carte. Il est manifestement prêt à l'utiliser, il aurait déjà proposé Matignon à François Bayrou.

Début mars j'écrivais bien autrement ce paragraphe mais à l'heure de la dernière relecture, le coup de poker que j'avançais est dans l'actualité, les "indiscrétions.".

Il me reste :
Pourquoi François Bayrou accepterait ? François Bayrou aura 61 ans en mai.
En 2017, à 66 ans, il peut espérer se présenter à une quatrième course présidentielle. Mais s'il refuse, sa marginalisation devient inévitable et sa candidature de 2017 risque fort de virer au simple témoignage, de redescendre au score de 2002.
Contrairement à 2007, le béarnais a désormais besoin d'exercer une fonction pour se relancer.
Deux ans à Matignon... sur le modèle Michel Rocard en 1988... n'oublions pas que c'est François Mitterrand le modèle de Nicolas Sarkozy...
Mais en quittant Matignon en 2014, François Bayrou, après quelques mois de "traversée du désert", se place rapidement comme le candidat naturel de la droite, rôle qu'aura des difficultés à lui contester le candidat de

l'UMP, tel Jean-François Copé (qui ne lui succédera pas forcément à Matignon, Sarkozy préférant alors terminer son mandat avec un vrai proche).

Comment justifier ce ralliement ? Par l'alliance de François Hollande avec Jean-Luc Mélenchon et son escarcelle d'extrême-gauche qui a de quoi apeurer tout centriste. Dans un contexte où le PS se coupe du centre, il est logique que le centre préfère une droite lui tendant la main, lui offrant les moyens de gouverner.

Les deux hommes ne semblent pas vraiment s'apprécier mais ce n'est pas forcément un obstacle en politique. Et il s'agit, pour l'un comme pour l'autre, de leur dernière chance de gagner leur pari : Nicolas Sarkozy la réélection, François Bayrou la possible succession en 2017 (en cas d'énième défaite, le PS parviendra peut-être à remettre encore à plus tard sa régénération).

François Hollande ou comment retrouver la jovialité perdue...

L'originalité de François Hollande durant les primaires socialistes, sa jovialité, sa liberté de ton, a laissé place à une image d'un homme se préparant à de hautes responsabilités. François Hollande ne gagnera pas avec un vote d'adhésion ! Je ne m'aventurerai pas à en chercher le pourcentage de réels soutiens dans le pays ! Il existe aussi un vote naturel au représentant du Parti Socialiste. Mais si François Hollande caracole encore en tête des intentions de vote au second tour, c'est avant tout grâce aux électrices et électeurs qui ne souhaitent surtout pas que Nicolas Sarkozy soit réélu président de la République. Même Lionel Jospin en 2002 suscitait plus d'enthousiasme, conséquence non de son charisme mais de la reconnaissance d'une certaine compétence.

Comment un tel homme a réussi à s'imposer ! Oh les françaises et les français se sont déjà amourachés d'Edouard Balladur !

Dans un pays où Jacques Chirac fut 12 ans président, pourquoi pas François Hollande, après tout !

La France est un petit pays qui aura le président qu'elle mérite. À force d'avoir découragé l'initiative, l'imagination, la petite bourgeoisie triomphe.

La balle, l'enthousiasme, la capacité de se remettre en question, l'audace, seront dans le camp de Nicolas Sarkozy s'il arrive sur le plateau télévisé du duel d'avant le second tour, avec l'accord de François Bayrou pour Matignon.

Alors ? Seul l'humour ravageur peut sauver François Hollande... Saura-t-il retrouver un certain "naturel" ?

Peu importe le scénario pourvu qu'on engrange la victoire !

Si François Hollande est élu président de la République, toutes les analyses s'effaceront devant "le successeur" de François Mitterrand ? C'est la droite qui sera en crise. Peu importe la méthode pourvu qu'on ait l'Elysée.

Certes, il reste la question de la compétence. François Hollande réussira-t-il à gérer l'Elysée sans laisser les éléphants du PS s'en donner à cœur joie ?

Un pays qui a élu Jacques Chirac puis Nicolas Sarkozy à la présidence, peut se contenter de François Hollande...

Oui, il y aura (peut-être) des ministres incompétents... mais ce ne sera (peut-être) pas la première fois...

Et nous... il nous restera à imaginer une autre gauche... celle de nos enfants... peut-être...

Pour twitter

Vous avez acheté cet ebook... et utilisez twitter ?

Merci de balancer (de temps en temps...), un tweet du genre :

A lire : Ce François Hollande qui peut encore gagner le 6 mai 2012 ne le mérite pas EBOOK de Stéphane Ternoise http://www.gauche.info

Quand Ségolène et François se rencontrent chez un enfant, qu'est-ce qu'ils se raconteront ? Des histoires de seconds tours http://www.gauche.info

Allez, un peu de Lot dans cette campagne nationale.
Chaque jour si vous pouviez balancer :
Aujourd'hui... Gérard Miquel est toujours président du Conseil Général du Lot. http://www.lotois.com

J'avais balancé le même genre de tweets au sujet de Michèle Alliot-Marie et après quelques semaines MAM avait fini par quitter le gouvernement.
Certes mes tweets n'y étaient pour rien !

Photos

François Hollande, Nicolas Dupont-Aignan, François Bayrou , Marine Le Pen et Eva Joly (EELV) à la cérémonie d'hommage national à Montauban, sous un chapiteau blanc.

Nicolas Sarkozy le même jour, à quelques mètres :

Stéphane Ternoise est né en 1968. Il publie des livres depuis 1991. Il est depuis son premier livre éditeur indépendant.

Ses 14 premiers livres sont disponibles en papier dos carré collé.

Théâtre pour femmes, 2010

Ils ne sont pas intervenus (le livre des conséquences), roman, 2009

Théâtre peut-être complet, théâtre, 2008

Global 2006, romans, théâtre, 2007

Chansons trop éloignées des normes industrielles et autres Ternoise-non-autorisé, 2006

Théâtre de Ternoise et autres textes déterminés, 2005

La Faute à Souchon ?, roman, 2004

Amour - État du sentiment et perspectives, essai, 2003

Vive le Sud ! (Et la chanson... Et l'Amour...), théâtre, 2002

Chansons d'avant l'an 2000, 120 textes, 1999

Liberté, j'ignorais tant de Toi, roman, 1998

Assedic Blues, Bureaucrate ou Quelques centaines de francs par mois, essai, 1997

Arthur et Autres Aventures, nouvelles, 1992

Éternelle Tendresse, poésie, 1991

Catalogue numérique :

Romans :
Ils ne sont pas intervenus (le livre des conséquences)
La Faute à Souchon ?
Liberté, j'ignorais tant de Toi (Libertés d'avant l'an 2000)
Viré, viré, viré, même viré du Rmi
Quand les familles sans toit sont entrées dans les maisons fermées

Ebook : trois romans pour le prix d'un livre de poche
5 ebooks en un : 9,99 euros. Cinq romans

Théâtre :
La baguette magique et les philosophes
Théâtre peut-être complet
Quatre ou cinq femmes attendent la star
Avant les élections présidentielles
Les secrets de maître Pierre, notaire de campagne
Deux sœurs et un contrôle fiscal
Ça magouille aux assurances
Pourquoi est-il venu ?
Amour, sud et chansons
Blaise Pascal serait webmaster
Aventures d'écrivains régionaux
Trois femmes et un amour
La fille aux 200 doudous et autres pièces de théâtre pour enfants
Révélations sur les rencontres d'Astaffort...
Ce François Hollande qui peut encore gagner le 6 mai 2012 ne le mérite pas
Théâtre 7 femmes 7 comédiennes - Deux pièces contemporaines
Théâtre pour femmes

Photos :
Montcuq, le village lotois

Cahors, des pierres et des hommes. *Photos et commentaires Limogne-en-Quercy Calvignac la route des dolmens et gariottes*
Saillac village du Lot
Limogne-en-Quercy cinq monuments historiques cinq dolmens
Beauregard, Dolmens Gariottes Château de Marsa et autres merveilles lotoises

Essais :
Le livre numérique, fils de l'auto-édition
Amour - état du sentiment et perspectives
Le guide de l'auto-édition numérique en France
(Publier et vendre des ebooks en autopublication)
Réponses à monsieur Frédéric Beigbeder au sujet du Livre Numérique (Écrivains= moutons tondus ?)
Ebook de l'Amour

Chansons :
Chansons trop éloignées des normes industrielles
Chansons vertes et autres textes engagés
68 chansons d'Amour - Textes de chansons
Chansons d'avant l'an 2000
Parodies de chansons
De Renaud à Cabrel En passant par Cloclo et Jacques Brel

En chti :
Canchons et cafougnettes (Ternoise chti)
Elle tiote aux deux chints doudous (théâtre)

Autres :
La disparition du père Noël et autres contes
J'écris aussi des sketchs
Bernadette et Jacques Chirac vus du Lot
Nicolas Sarkozy : sketchs et Parodies de chansons

Œuvres traduites :

La fille aux 200 doudous :
The Teddy (Bear) Whisperer
Das Mädchen mit den 200 Schmusetieren

Le lion l'autruche et le renard :
The Lion, the Ostrich and the Fox

Mertilou prépare l'été
The Blackbird's Secret

Catalogue complet des ebooks de Stéphane Ternoise sur http://www.ecrivain.in ou sur les plateformes qui le distribuent.

Octobre 2013 : disponible en papier...

Ce document, les journalistes, naturellement libres, intègres, indépendants et surchargés de sollicitations (dont celles peut-être prioritaires des amis, où peuvent figurer les attachées de presse) ont considéré préférable de le laisser dans l'anonymat avant les élections présidentielles 2012.

La *Dépêche du Midi* de Jean-Michel Baylet (également candidat, souvent jugé sympathique, à la primaire socialiste) ne fut pas le seul organe de presse à l'ignorer. Un livre sans relais médiatique est un livre invisible. Même avec les prétendus "réseaux sociaux" (déjà réduits au rôle d'animation du spectacle, au service des installés). Pourtant, l'Histoire, parfois, sort de l'oubli la première réelle analyse dans un passé contrôlé, même un passé récent. Il est nécessaire que s'amalgament de nombreux hasards, qu'aucun auteur, surtout indépendant, ne peut maîtriser.

Ce texte expliquait l'état de la gauche "de gouvernement", donc les dangers, pour cette gauche mais surtout pour le pays, d'une victoire de François Hollande. Ce qui fut occulté en 2012 reviendra comme un boomerang en 2017. En 2012, il ne fallait surtout pas réfléchir mais voter contre le méchant Nicolas Sarkozy.

En 2012, le livre, pour des raisons "techniques", n'exista qu'en numérique. En octobre 2013, pour l'Histoire, la version papier. Lisez-le avant 2017 !

113

Stéphane Ternoise... un peu plus d'informations

Né en 1968

http://www.ecrivain.pro essaye d'être complet, avec un "blog" (je préfère l'expression "une partie des chroniques"). Mais il ne peut naturellement pas copier coller l'ensemble des textes présentés ailleurs.

http://www.romancier.net
http://www.dramaturge.net
http://www.essayiste.net
http://www.lotois.fr

Les noms de ces sites me semblent explicites...
Le graphisme reste rudimentaire. Tant de choses à faire...

http://www.salondulivre.net le prix littéraire a lancé sa onzième édition. Une réussite d'indépendance. Mais peu visible...

L'ensemble des livres numériques ont vocation à devenir disponibles en papier et réciproquement. Il convient donc de parler de livre au sens fondamental du terme : le contenu, l'œuvre. En juillet 2013, le catalogue numérique de Stéphane Ternoise dépasse la barre naguère inimaginable de la centaine. Il est constitué de romans, pièces de théâtre, essais mais également de photos, qu'elles soient d'art (notion vague) ou documentaires (présentation de lieux, Cahors, Cajarc, Montcuq, Beauregard, Golfech...), publications pour lesquelles l'investissement en papier est impossible, sauf à recourir à l'impression à la demande.

Site officiel : http://www.ecrivain.pro

Ce François Hollande qui peut encore gagner le 6 mai 2012 ne le mérite pas - Un Parti Socialiste non réformé au pays du quinquennat déplorable de Nicolas Sarkozy de Stéphane Ternoise

Dépôt légal à la publication au format ebook du 4 avril 2012.

Imprimé par CreateSpace, An Amazon.com Company pour le compte de l'auteur-éditeur indépendant. http://www.**livrepapier.com**

ISBN 978-2-36541-435-7
EAN 9782365414357